RAINER BALLNUS

AF219791

Rainer Ballnus

- war als Kriminalist mit Tod und Sterben konfrontiert,
- hat später im Polizeipsychologischen Dienst Trainer ausgebildet, damit diese Polizisten im Umgang mit dem Tod und dem Sterben mit der nötigen Kompetenz ausstatten sollten,
- hat Suizidanten angeblich gerettet, die sich dann wenige Wochen später endgültig das Leben nahmen,
- ist in seiner christlichen Kirche unterwegs gewesen, um Seelsorger in der Begleitung Sterbender und Trauernder zu schulen,
- hat 2003 ein Buch zu dieser Thematik verfasst

und dann kam er schleichend – der Tod und nahm ihm seine Frau. Über ein halbes Jahr hat sie gekämpft, hat er gekämpft, haben beide gekämpft, um dann endgültig zu verlieren. Jetzt war er dran! Als Begleiter! Als Trauernder! Jetzt erhielt er die Chance, alle Regeln, Empfehlungen auf den Prüfstand zu stellen. Er hat sie ergriffen...

IMPRESSUM

Bibliografische Information der Deutschen Nationalbibliothek: Die Deutsche Nationalbibliothek verzeich-
net diese Publikation in der Deutschen Nationalbio-
grafie; detaillierte bibliografische Daten sind im Internet über http://dnb.dnb.de abrufbar.

© 2020 Rainer Ballnus
Lektorat: Irene Döring
Umschlaggestaltung: Grafikbüro Bickel a. Föhr
Herstellung und Verlag:
BoD-Books on Demand, Norderstedt

ISBN: 9783751994804

FLIEG,

MEIN SCHMETTERLING,

FLIEG!

Autobiografie eines Trauernden mit kon-kreten Handreichungen für ein „gesundes" Trauern und eine hilfreiche Begleitung

INHALT

INHALT

INHALT

Vorwort: Deine Trauer ist nicht meine Trauer

Liebe Leserin, lieber Leser!

Es ist schon etliche Jahre her, da habe ich mich um einen Berufskollegen gekümmert, der seine Frau durch Krankheit verloren hatte. Ich habe in Erinnerung, dass es diesem Trauernden gar nicht gut ging. Obwohl er kein aktiver Christ war und gar keiner Kirche angehörte, hatte er mit Gott sehr gehadert und immer wieder die Frage nach dem „Warum" gestellt. Schon damals war ich überzeugt, dass diese Frage niemals überzeugend beantwortet werden kann. Ich weiß aber auch, dass ich ihn seinerzeit nur   schulter-zuckend und ziemlich hilflos angeschaut und gemeint hatte: *„Lieber …………. , ich glaube, niemand kann dir darauf eine schlüssige Antwort geben..."*

Ich hatte verzweifelt versucht, ihn von dieser immer-währenden Frage abzubringen, glaube aber, dass mir das nicht nachhaltig gelungen war. Dieser Kollege hatte mir unendlich leidgetan, weil er so ein empathi-scher, fast weicher Mensch war, der eigentlich gar nicht so recht in eine Polizeiuniform passte und der ohne seine Frau keine Lebensperspektive erkennen konnte. Niemand hatte ihm wirklich helfen können – auch ich nicht. Und auch kein Mediziner. Und eine Psy-chotherapie gab es damals noch nicht flächendeckend.

Dieser Kollege wurde nach mehr als einem Jahr ein Opfer seiner Trauer. Er hatte seinem Leben selbst ein Ende gesetzt. Warum schreibe ich das in einem Vorwort? Deshalb, weil ich bis heute nicht vergessen habe, wie sehr dieser Kollege immer wieder nach Menschen suchte, die ihm einfach nur zuhörten. Natürlich gab es einige – aber eben nicht genügend. Darüber hatte er sich bei mir beschwert und das Desinteresse beklagt. Ein angeblicher Freund hatte ihm sogar unverblümt entgegengehalten, dass die Trauer des Kollegen nicht die seine sei. Ich erinnere mich noch sehr gut daran, wie empört dieser Trauernde darüber war. *„Und das will ein Freund sein!"*, war es damals aus ihm herausgeplatzt.

Heute habe ich nach eigenem Verlust über diesen Satz nachgedacht: Es stimmt, die Trauer eines Menschen ist nicht die Trauer des anderen. Aber darf man einem Trauerenden das so unverblümt entgegenhalten? Ich weiß aus Erfahrung und aus eigenem Erleben, dass es Menschen gibt, die den Verlustschmerz des Anderen nicht so nahe an sich herankommen lassen möchten, die sich davor fürchten, dass der Trauernde in Tränen ausbrechen könnte oder dass er von ihm oder ihr zu sehr in Beschlag genommen werden könnte. Aber nochmals: Ist solch eine Aussage angemessen? Natürlich nicht! Es gibt andere Kommunikationsmöglichkeiten, um sich selbst abzugrenzen, weil man Angst davor hat, zu sehr in den „Trauersog" hineinzugeraten, zum Beispiel diese: *„Lieber ...., ich weiß, dass du gern mit jemandem über deinen Verlust,* *deine Trauer reden möchtest und ich hätte dir auch gern zugehört. Aber ich glaube, ich bin dir da keine große Hilfe, weil ich Angst davor habe, gesunden Abstand zu deiner Trauer zu halten. Du kannst mich gern fragen, ob ich etwas für dich erledigen soll, zum Beispiel Behördengänge oder so. Ich hoffe, du kannst mich verstehen…"*

Noch etwas anderes ist mir bei dem unheilvollen Satz eingefallen. Eine Frage. Kann es sein, dass ich als Trauernder gelegentlich daran denken sollte, den Satz einmal umgekehrt zu bewegen: Meine Trauer ist nicht deine Trauer? Wenn Sie in diesem Buch weiterlesen sollten, dann würden Sie unter Umständen Passagen

entdecken, in denen dieser Umkehrsatz mir als Trauerndem eventuell eine Hilfe hätte sein können. Ich verrate Ihnen nur ein Stichwort: Erwartungshaltung!

Betrachten Sie gern den letzten Satz als eine Einladung zum Weiterlesen.

Kapitel I = Leicht modifizierte Ausschnitte aus meinem Buch 2003 „Wenn die Seele weint" – hier: Hilfen für eine Trauerbegleitung und den Umgang mit eigener Trauer

Das oben benannte Buch habe ich kurz vor meinem Ausscheiden aus dem Polizeipsychologischen Dienst geschrieben. Es war mir damals wichtig gewesen, meine Erfahrungen als Trainer und Berater in psychischen Ausnahmesituationen weiterzugeben. Dabei habe ich eigenes Erleben und das Anderer genutzt, um die Authentizität der Aussagen zu stärken. Und selbstverständlich ist in ausgeprägtem Maße Wissen von Fachleuten eingeflossen.

Heute, nach einem weiteren schweren eigenen Verlust, habe ich die damals von mir geschriebenen Handreichungen nochmals bewusst gelesen und interessanterweise an vielen Stellen bekräftigend genickt, an einigen anderen die Stirn gerunzelt und an wieder anderen geschmunzelt.
Sie werden in dem Buch in den Kapiteln II – IV die Stellen unschwer erkennen, die bei mir unterschiedliche Emotionen ausgelöst haben.

Hier der Beginn des Ausschnitts aus dem Buch 2003:

12

• Trauer-Begleitung – ein praktisches Beispiel

Ich stieg die vier Treppen in dem Mietshaus nach oben und verlangsamte meine Schritte, nicht nur weil die Luft knapp wurde, nein, ich versuchte, mein Gedanken zu ordnen. Was würde mich erwarten? Die Fakten lagen auf der Hand: Eine Rentnerin und Mutter, die bereits vor Jahren ihren Sohn in der Blüte seines Lebens hatte abgeben müssen, war vor wenigen Tagen Witwe geworden. Mein Herz klopfte mächtig, als ich an der Tür den Klingelknopf drückte...

In den Jahren nach dem Tode meines Vaters hatte ich mich mit dem „Trauern" und der „Trauerarbeit" intensiv auseinandergesetzt. Ich selbst hatte sie durchleben müssen. Mit 35 Jahren einen Elternteil zu verlieren, das war für mich ein einschneidendes Erleben, und ich erinnere mich noch genau an einige Situationen, in denen ich sehr traurig war. Es waren nach dem Verlust meines Vaters schon einige Wochen ins Land gezogen und ich arbeitete auf dem halbausgebauten Dachboden unseres Hauses, um meiner Mutter eine Wohnung zu bereiten. Dabei musste ich die Arbeit vollenden, die mein Vater begonnen hatte, längst nicht so akkurat wie er, und da kam es vor, dass mich gelegentlich eine tiefe Traurigkeit erfasste. Ich hielt dann mit meiner Arbeit inne, weil die Tränen mir die Sicht nahmen. In diesen Minuten sah ich meinen Vater vor mir, wie er mit Begeisterung an der Holzvertäfelung arbeitete und sich sehr darüber freuen konnte, wenn er eine Abschlussleiste an einer besonders kniffligen Ecke im Zimmer passgerecht und sauber eingearbeitet hatte. Manchmal währten solche Augenblicke der Trauer eine halbe Stunde, manchmal nur ein paar Minuten, aber eines war wichtig: Ich habe diese Trauer angenommen, an mir geschehen lassen, und ich habe noch etwas getan: Ich habe in den meisten Fällen mit meiner Frau darüber gesprochen, und einige Male haben wir dann beide geweint...

Und heute hatte ich mir vorgenommen, eine ältere Dame, die ihren Mann verloren hatte, ein Stück zu begleiten, für wenige Augenblicke, auch wenn daraus Stunden werden sollten. Es war die Witwe eines Kollegen, 15 Jahre älter als ich, der mit 66 an einem Herzinfarkt viel zu früh gestorben war. Ich hatte den Kollegen sehr geschätzt und ihn als meinen väterlichen Freund gesehen. Zwei- oder dreimal im Jahr hatten wir uns gegenseitig besucht, und nun gab es ihn nicht mehr.

Ein beklemmendes Gefühl beschlich mich. In welchem Zustand würde ich die Witwe antreffen, aufgelöst oder gefasst? Wie würde sie aussehen, verweint oder zerzaust? Wie würde sie auf meinen Besuch reagieren, erfreut oder distanziert?, denn angemeldet hatte ich mich nicht, bewusst nicht. Ich hatte mir nur vorgenommen, auf kleinste Signale zu achten, ob ihr mein Besuch angenehm war. Andernfalls würde ich sofort und ohne inneren Groll wieder gehen, wusste ich doch aus vielen anderen Begegnungen mit Menschen in besonders schwierigen Situationen und schließlich auch aus eigenem Erleben, dass Besuch nicht immer eine Hilfe war.

Ich kam gedanklich nicht weiter. Die Tür wurde einen Spalt breit geöffnet. Ich sah die gespannte Türkette und

14

einen Teil des Gesichtes mit dem schlohweißen Haar und dem prüfenden Auge. Bevor ich etwas sagen konnte, wurde die Tür wieder zugezogen, ich hörte die Kette fallen und dann öffnete sich die Tür gänzlich. Dann sah sie mich an, mit Tränen in ihren Augen. Sie versuchte, sie zu unterdrücken, sich zu beherrschen, suchte nach ihrem Taschentuch. Eine innere Stimme riet mir: Geh' auf sie zu, nimm diese kleine, zierliche Frau in den Arm, und ich tat es. Ich zog sie an mich, und die Witwe begann zu schluchzen, nicht laut, aber sehr intensiv. Ich streichelte ihr über das weiße Haar, und ich merkte meine eigenen Tränen, die mir über die Wangen liefen und auf ihr Haar tropften. Ich weiß nicht mehr, wie lange wir so gestanden hatten. Ein paar Momente der Stille kommen uns häufig wie Ewigkeiten vor. Doch das Lösen aus dieser Umarmung ergab sich von selbst. Ihr Schluchzen verstummte allmählich, und sie schnäuzte sich mit dem Taschentuch die Nase. Ich tat ein Gleiches, dann schauten wir uns an, und was sie dann flüsterte, mit zittriger, brüchiger Stimme, ließ mich schlucken: *„Das Leben ist für mich zu Ende... ."* Die alte Dame erwartete offenbar keine Antwort, denn sie bat mich mit einer Geste ins Wohnzimmer, und ich war froh darüber, nicht sofort reagieren zu müssen. In mir arbeitete es mächtig. Dieser Satz, er drückte alles aus, was auf ihrem Gesicht geschrieben stand: Unendliche tiefe Traurigkeit ohne jede Perspektive.

Ich wartete, bis die Witwe Platz genommen hatte, und dann setzte auch ich mich. Mir selbst schnürte die eigene Hilflosigkeit beinahe die Kehle zu. Ich ergriff ihre beiden kalten, abgearbeiteten Hände, und dann kam es über

meine Lippen: *„Ihr Mann, er war immer so was wie ein Fels in der Brandung, ein Pfeiler, an den Sie sich stets getrost anlehnen konnten, wenn Sie der Mut verließ... ."* Dabei schaute ich sie an, sah sie wiederkommen, die Tränen. Viele konnten nicht mehr kommen, dachte ich bei mir, der Tränensack musste doch schon völlig ausgepresst sein. Die Witwe nickte unmerklich, und ich spürte einen leichten Druck ihrer Hände. *„Und den gibt es nun nicht mehr... ich bin so allein... so leer... was soll ich denn noch hier? Ich hab' doch niemanden mehr... ."* Ich nickte leicht. *„Für Sie gibt es hier keine Aufgabe mehr, meinen Sie... ."* *„Ja, genau. Gerd und ich waren immer füreinander da, aber jetzt...Sie wissen ja, wir haben keine Kinder mehr und auch sonst keine Verwandte, um die ich mich kümmern könnte...nein, nein, ich will nicht mehr... .".* Ich wusste es nicht genau, ob es noch zu früh war, aber ich versuchte es mit einem Wunsch, den ich – bei großzügiger Auslegung – herausgehört hatte: *„Für Sie wäre ein Leben dann lebenswert, wenn Sie für jemanden da sein könnten, sich um jemanden kümmern könnten... ist das so?"* Diesmal behielt ich sie fester als bisher im Auge, und ich merkte, wie es in ihrem Kopf arbeitete. Darüber war ich heilfroh. Das bedeutete doch, dass sie eventuell den Kreislauf des Grübelns durchbrochen haben könnte, und richtig: *„Ich glaube, dass wir das alle brauchen. Was meinen Sie, ich habe mich damals auch gefreut, als unsere Nachbarn nach uns geschaut haben, als die Sache mit unserem Sohn... Sie wissen ja... passiert war... ."*
Frau Schwarten (Name geändert) stockte, dachte offenbar weiter nach und ich jubilierte. Warum?, wird vielleicht der eine oder andere Leser fragen. Ich erkannte

einen Strohhalm, den die Trauernde zaghaft ergriff. Meine innere Stimme sagte mir: Die Witwe fühlte sich ein Stückchen von mir aufgefangen. Und richtig. Sie straffte ihren Oberkörper, drückte fest meine Hände und meinte: *„Schön, dass Sie vorbeigekommen sind, Herr Ballnus."*
Ich nickte leicht, schaute ihr freundlich, aber doch mit ernstem Gesicht in die Augen. *„Ich freue mich, dass Sie das sagen, Frau Schwarten. Ich wusste nicht genau, jetzt so unmittelbar nach diesem für Sie schlimmen Verlust, ob Sie...na ja, ich wollte Sie nicht überfallen, aber...," „Aber Herr Ballnus, was reden Sie denn da. Umgekehrt wäre es schlimm für mich gewesen, wenn Sie nicht gekommen wären,"* entkräftete sie meine Sorge, und ihre Stimme klang ein wenig energisch, so wie sonst auch. Jetzt entspannte sich auch mein Gesicht. *„Da bin ich aber froh, dass Sie das so sagen, und, "* ich fasste ihre beiden Hände, die sich immer noch eiskalt anfühlten, *„Ihr Gerd...ich glaube, er hätte es von mir erwartet, dass ich mich ein wenig um Sie kümmere."*
Dabei behielt ich sie fest im Blick, sah, dass ihre Augen erneut feucht wurden, aber das machte nichts. Ich würde natürlich wieder bereit sein, mit ihr zu weinen. Doch sie brauchte es diesmal nicht. *„Mein Mann hat Sie gemocht, sehr sogar, "* flüsterte sie, und ich drückte wieder ihre Hände. *„Ich ihn auch, ich ihn auch, Frau Schwarten."*
Wir schauten uns beide für ein paar Augenblicke an, dann gab sie sich einen Ruck. *„Haben Sie einen Augenblick Zeit? Was ist mit Ihrer Frau? Warum haben Sie sie nicht mitgebracht? Ich möchte Sie nicht lange aufhalten... ."*

Innerlich atmete ich tief aus. Da schien es doch ein Licht am Ende des Tunnels zu geben. Es gelang mir, die Witwe zu überzeugen, dass ich ganz und gar für sie da war. Ich spürte, wie sie das freute, und dann sprudelte es nur so aus ihr heraus. Sie sprach von alten Zeiten, von seinen Schwächen mit dem Rauchen, von gemeinsamen Erlebnissen, mit uns und mit anderen. Und sie redete und redete, und ich hörte einfach nur zu, wie, ja genau, wie Momo. Ist uns dieses begnadete Kind noch in guter Erinnerung?

Zur Sicherheit führe ich noch einmal für Sie, für uns alle einen Ausschnitt dieses Wunderkindes vor Augen:

„.... Momo konnte so zuhören, dass dummen Leuten plötzlich sehr gescheite Gedanken kamen. Nicht etwa, weil sie etwas sagte oder fragte, was den anderen auf solche Gedanken brachte, nein, sie saß nur da und hörte einfach zu, mit aller Aufmerksamkeit und aller Anteilnahme. Dabei schaute sie den anderen mit ihren großen, dunklen Augen an, und der Betreffende fühlte, wie in ihm auf einmal Gedanken auftauchten, von denen er nie geahnt hatte, dass sie in ihm steckten.

Sie konnte so zuhören, dass ratlose oder unentschlossene Leute auf einmal ganz genau wussten, was sie wollten.

Oder dass Schüchterne sich plötzlich frei und mutig fühlten.

Oder dass Unglückliche und Bedrückte zuversichtlich und froh wurden. Und wenn jemand meinte, sein Leben sei ganz verfehlt und bedeutungslos und er selbst nur irgendeiner unter Millionen, einer, auf den es überhaupt nicht ankommt und der ebenso schnell ersetzt werden kann wie ein kaputter Topf - und er ging hin und erzählte alles das der kleinen Momo, dann wurde ihm noch während er redete, auf geheimnisvolle Weise klar, dass er sich gründlich irrte, dass es ihn, genauso wie er war, unter allen Menschen nur ein einziges Mal gab und dass er deshalb auf seine besondere Weise für die Welt wichtig war. So konnte Momo zuhören..." (aus „Momo" von Michael Ende – Thienemann-Esslinger Verlag GmbH)

Ich glaube nicht, dass ich wirklich so perfekt zuhören konnte wie „Momo", aber ich arbeitete mit ähnlichen sprachlichen „Werkzeugen", wie z. B. dem „Aktiven Zuhören" oder dem „Einfühlenden Verstehen". In einer Situation, in der die Witwe im Gespräch mit mir zwischendurch wieder einmal eine Talsohle erreicht hatte, gelang es mir, das deutlich zu machen und den Dialog aufzunehmen: *„.... am schlimmsten ist es nachts für mich. Wenn...wenn ich dann zwischendurch mal aufwache, dann kommt es vor, dass ich mit meiner Hand nach rechts taste und seine Hand suche...so, wie wir das immer...gemacht haben, wenn einer...wenn einer von uns aufwachte... ."* Sie hörte auf zu sprechen, versuchte die Tränen zurückzuhalten, schaffte es aber nicht, und ich fasste ihre beiden Hände und probierte es: *„Und dann ist sie wieder da, die unbarmherzige Wahrheit: Sie sind allein."* Sie schaute mich mit rotgeränderten Augen an und nickte: *„Ja, und das ist wirklich grausam...ich höre dann oft auf zu atmen und höre nichts, absolute Stille... ."* Sie sprach nicht weiter, und ich versuchte es wieder: *„.... und diese Stille, die macht Ihnen Angst... ."* Ich sah sie an, suchte zu lesen, ob ich ein richtiges Gefühl beschrieben hatte. Wieder nickte die Witwe leicht. *„Angst, weil ich nicht weiß, wie es weitergehen soll, aber da ist auch ein Stück Wut dabei. Warum schon wieder ich? Warum?!"* Das letzte Wort kam fast schreiend über ihre Lippen, sie wirkten anklagend. *„Der Abschied von Ihrem Sohn war schwer genug für Sie beide damals und nun noch er... ."* Ich ließ das Ende einfach offen. Die alte Dame schaute mich an, es kamen keine Tränen mehr. *„Wir haben uns doch gegenseitig gebraucht, seit damals... ."* *„Und nun ist diese Stütze weggebrochen... ,"* fuhr ich fort und behielt sie im Auge. Nickend ließ sie sich vornüberfallen, mir entgegen. Sie ruhte mit ihrem Oberkörper und ihrem Kopf an meiner Brust und schluchzte. Diesmal weinte ich nicht mit. Sanft strich ich ihr über den rechten Oberarm und ließ ihr Zeit, viel Zeit. In dieser tiefen Talsohle kam noch einmal all das heraus, was sie am Anfang auch schon gesagt hatte, und jeder, der mit Trauernden gesprochen hat, weiß, dass sie oft immer und immer wieder ihre Seelenpein loswerden möchten. Und das ist auch gut so. Und für uns als Begleiter zeigt sich erst dann die wahre Kunst des Zuhörens. Ich hatte damals auch noch mit dem Gefühl der Enttäuschung zu kämpfen, weil ich glaubte, dass der Strohhalm zu schwach gewesen sein könnte. Diese Enttäuschung darf uns als Helfer nicht beeinflussen; es gibt andere, manchmal sogar geeignetere Strohhalme. Meine Befürchtung damals erwies sich als falsch. Ich weiß nicht mehr, wie lange wir so saßen, aber dann, plötzlich, löste sie sich, richtete sich auf, straffte ihren Körper, schaute mich fest an und meinte mit (fast) energischer Stimme: *„Jetzt ist es genug mit dem Heulen! Ich danke Ihnen, Herr Ballnus, dass Sie solange ausge-*

halten haben. Ich weiß nicht, warum, aber irgendwie tat es gut, nicht nur immer allein zu trauern. Und jetzt, als ich mich an Ihrer Brust so ausweinen konnte, da wurde mir eines klar: Ich muss was machen, nein, falsch, ich will was machen. Ich weiß noch nicht genau, was, aber irgendetwas oder auch irgendjemand wird mir schon einfallen. So und jetzt habe ich Sie schon lange genug aufgehalten, Ihre Frau, die wird bestimmt schon schimpfen!"

Innerlich musste ich damals schmunzeln, aber ich war froh darüber, wie energisch die Witwe sich selbst einen inneren Ruck gegeben hatte. Aber noch ein anderes Gefühl stellte sich bei mir ein. Ich war dankbar und erleichtert, dass sie ihren „Silberstreif am Horizont" selbst entdeckt hatte. In dem Augenblick, als sie mir in ihrer selbstbewussten Art diese zukunftsorientierten Gedanken geäußert hatte, war mir klar: Sie würde es schaffen, und im Augenblick mussten wir nicht darüber reden, was sie im Einzelnen tun konnte. Ich war mir sicher: Sie hatte genügend Hobbys und war in ihrem ganzen Leben nie ideenlos gewesen; sie würde das auch jetzt nicht bleiben. Mir war sehr bewusst, dass es Einbrüche in der Stabilität ihrer Gefühle geben würde, und ich würde ihr auch weitere Hilfe anbieten, aber im Augenblick wurde ich als Begleiter nicht mehr gebraucht...

- **Allgemeine Empfehlungen für eine Trauerbegleitung**

Ich verlasse jetzt die damalige Begegnung und gebe Ihnen einige Empfehlungen für den Umgang mit einem Trauernden. Zunächst jedoch erinnere ich an einige **ungeeignete Reaktionen**. Dabei ist mir besonders wichtig, noch einmal das „Trösten" anzusprechen. Wie schon beschrieben, hat die Erfahrung gelehrt, dass in einem tiefen, inneren Schmerz der Trost nicht so sehr geeignet ist, dem Trauernden eine wirkliche Hilfe zu sein. Ich habe gar nicht so lange gebraucht, um das zu verstehen. Meine Mutter war mir ein beredtes Beispiel. Nach dem Tode meines Vaters haben wir in der Familie und damit auch ich versucht, meine Mutter zu trösten. Ich kann mich noch an einige der damaligen angeblich trostbringenden Worte erinnern:

- *„Schau' mal Mama, für den Papa war es ein sanfter Tod; er hat gar nichts mitbekommen... ."*
- *„Es war doch schön, dass wir noch gemeinsam euren 40. Hochzeitstag feiern konnten... ."*
- *„Denk' mal an den..................., wie der sich quälen musste... ."*
- *„Du hast Kinder und Enkelkinder und sogar eine Urenkelin, die werden dich bestimmt erfreuen... ."*
- Es waren auch seelsorgerische tröstende Worte darunter:
- *„Liebe Frau Ballnus, der liebe Gott, der weiß, warum er Ihren lieben Mann gerufen hat... ."*
- *„Vielleicht ist ihm ein langes Siechtum erspart geblieben, wer weiß das schon... ."*

- *„Wir beten für Sie, und die ganze Gemeinde macht das, und dann bin ich mir sicher, dass Sie Trost finden werden... .“*
- *„Ihre Kinder, die sind doch für Sie da... .“*

An den Reaktionen meiner Mutter merkte ich sehr deutlich, dass die wirklich gut gemeinten Worte keinen Trost spendeten. Gewiss, ihre Gläubigkeit und die Achtung vor dem Seelsorger ließen sie damals höflich reagieren, doch ein aufmerksamer Beobachter konnte sehr gut feststellen, dass die Botschaften keine wohltuende Wirkung erzielten. Uns gegenüber äußerte das meine Mutter schon deutlicher, und wir konnten sagen, was wir wollten, sie hatte auf jede gut gemeinte Äußerung fast immer eine Widerrede parat. An eine erinnere ich mich noch heute ganz genau: *„Warum der Papa, der so gesund gelebt hat, und andere, die trinken und rauchen und die leben immer noch... .“*

Ich erinnere mich auch noch sehr genau daran, wie hilflos ich solchen Situationen gegenüberstand. Oft konnte ich dann nur noch mit den Schultern zucken und eingestehen: *„Ich weiß es doch auch nicht, Mama.“*

Heute weiß ich, was ich hätte tun sollen und damals nicht getan habe: Ich hätte meine Mutter einfach nur in den Arm nehmen und mit ihr weinen sollen, aber das konnte ich damals noch nicht.

Ich habe kürzlich eine Todesanzeige in der Zeitung gelesen, die ich Ihnen nicht vorenthalten möchte, weil das Zitat sich sehr gut in das bisher Geschriebene einfügt: *„Es gibt ein Leid, das fremden Trost nicht duldet, und einen Schmerz, den sanft nur heilt die Zeit.“*

Der Prozess der Trauer wird von jedem Menschen unterschiedlich erlebt, unterschiedlich in der Intensität und auch in der Dauer. Fachleute haben einen groben Rahmen dafür gesteckt und vier Zeit-Phasen gebildet:

Die vier Phasen der Trauer

1. **Schock**: Dauer: wenige Stunden; meist nach ein bis zwei Tagen vorüber.
2. **Kontrolle:** Dauer: bis Ende der Beerdigung und Abreise der Verwandten, Freunde u. a. (also nach ca. 3 - 7 Tagen).
3. **Rückfall und allmähliche Rückbildung:** Dauer: nach max. 3 Monaten erhebliche Reduzierung der Trauersymptome.
4. **Anpassung**: Dauer: ca. 6 Monate bis ein Jahr.

Diese zeitlichen Dimensionen gelten in unserem Kulturkreis; in anderen Ländern wird anders, aber eben auch getrauert.

Ich spreche hierbei noch einmal die Trauer meiner Mutter nach dem Tode ihres Mannes an. Zeitlich hat sie alle Regeln, wie sie oben genannt wurden, gesprengt. Selbst heute nach zwanzig Jahren ist ihre Trauerarbeit nicht abgeschlossen. Das bedeutet nicht, dass meine Mutter wie ein Aschenputtel herumläuft oder nur weinend die Tage verbringt, nein, überhaupt nicht. Im Gegenteil, sie hat mit uns oder anderen Menschen in ihrer Umgebung sehr heitere Momente erlebt und auch gelacht, aber: In ihren Gesprächen oder wenn wir etwas aus der Vergangenheit ansprechen, spielt ihr Mann immer noch eine bedeutsame Rolle in ihrem Leben. Für sie ist ein fast täglicher Grabbesuch auf dem Friedhof sehr wertvoll; dort schöpft sie Kraft, verbindet sich mit ihrem Mann, meinem Vater, oder aber sie sagt bei allen sich bietenden Gelegenheiten: *„Wenn der Papa das noch erlebt hätte... ."*

Nach den zeitlichen Regeln der Trauer ist für sie die Anpassungsphase noch nicht abgeschlossen, und nach meinem Empfinden wird meine Mutter, solange ihr Herz schlägt, es für ihren Mann schlagen lassen. Und das ist gut so!

- **Allgemeine Gedanken zur Trauerarbeit**

Das zeitliche Ausmaß erfasst nicht die Intensität der Trauer. Sie werden dazu eigene oder Erfahrungen in Ihrer nächsten Umgebung gewonnen haben.

Ich habe für Sie einige allgemeine Gedanken zur Trauerarbeit zusammengetragen:

- Es gibt eine normale Trauer, die den Weg vom Schock bis zu neuer Lebensplanung begleitet; es gibt aber auch einen kranken Trauerprozess, der bis zu Tod und Selbsttötung führen kann.

- Große Bedeutung in der Trauer und für Trauernde kommt der Familie, den Freunden und der Nachbarschaft zu.

- Aufgabe der Trauer ist die Überwindung der seelischen und sozialen Folgen eines Verlustes und die Sicherstellung einer Weiterlebens-Möglichkeit für die Hinterbliebenen.

- Durchlebte Trauer kann die menschliche Persönlichkeit zu neuer Reifung führen, aus der heraus große Kräfte erwachsen.

- Die Trauer wird erleichtert durch ihre teilweise Vorwegnahme im Beisein des Sterbenskranken; vorauseilende Trauer kann nachgehende Trauer erleichtern.

- In der normalen Trauer liegt zwischen dem ersten Schock und der wiedererlangten Lebensgestaltung eine Phase von Zurückgezogenheit und Verweigerung.

- Jeder kann einem Trauernden helfen, indem er sich für diesen Menschen interessiert und sich um „ihn kümmert".

Bei dem „Sich-um-den-anderen-kümmern" ist es wichtig, die Hilfe anzubieten, aber nicht überzustülpen. Allerdings ist es nach meiner Erfahrung nicht ausreichend, einmal seine Hilfe anzubieten und dann abzuwarten, bis oder ob der andere sie annimmt. Der Trauernde durchlebt Schweres, traut sich manchmal nicht, einen angebotenen Beistand in Anspruch zu nehmen, möchte andere nicht mit seiner Trauer behelligen oder gar zur Last fallen usw. usw. Um solche „Missverständnisse" gar nicht erst entstehen zu lassen, empfehle ich, von Zeit zu Zeit den Kontakt zu suchen, mal persönlich, mal schriftlich oder telefonisch. In einem Gespräch wird sehr schnell deutlich werden, ob der Trauernde sich freut oder eher nicht sprechen, nicht besucht werden möchte. Und die Antenne des Helfenden muss sehr weit ausgefahren werden, um kleinste Signale eines Hilferufes aufnehmen zu können. Ich erinnere mich an ein Telefonat mit einer guten Freundin, die auf meine Frage, ob sie gut versorgt sei mit hilfreichen Gesprächen und Besuchen, mir so beiläufig erzählte, dass vor kurzem jemand ganz spontan gekommen sei, ohne Anmeldung, ganz bewusst, damit sie sich nicht vorbereiten konnte. Dieser Besuch habe eine Kleinigkeit zu essen und eine gute Flasche Wein mitgebracht und man habe sich bis weit nach Mitternacht sehr fruchtbar ausgetauscht, und sie sei an diesem Abend fast ein wenig glücklich eingeschlafen. Ich habe damals sehr aufmerksam zugehört und mich noch beim Anhören bei anderen Menschen, die seelische Talsohlen zu durchqueren hatten. In den allermeisten Besuchen habe ich damit viel Freude und Wohltuendes erreichen können, aber auch nicht immer.

Und das bedeutet: Sie tun gut daran, ein feines Gespür für die Begleitung eines Trauernden zu entwickeln.

Vielleicht haben Sie es schon einmal erlebt, dass Ihnen diese Arbeit selbst auch etwas gegeben hat. An mir erlebte ich nach einem Brief, Telefonat, Besuch regelmäßig eine stille Freude darüber, ein wenig geholfen zu haben. Aber das war noch längst nicht alles, was mich bewegte. In vielen Begegnungen habe ich das Gefühl entwickelt, selbst getröstet worden zu sein, durch den, der trauerte. Ich habe dann nicht selten erkannt, dass diese Menschen viel, viel Vorarbeit geleistet hatten, sich schon zu Lebzeiten mit dem Tod beschäftigt, geistig den Übergang vom irdischen Leben in die geistliche Welt vorbereitet hatten. Von diesen Menschen habe ich sehr viel gelernt. Für Menschen, die glauben können, die eine lebendige Hoffnung in sich tragen und die Zuversicht besitzen, eine Trennung nur auf Zeit zu erleben, die um die Wirkung eines innigen Gebetes nicht nur wissen, sondern es auch praktizieren, sind wirklich gut dran. Als Christ ist mir das alles sehr vertraut. Und dennoch lief mir nicht nur ein Schauer über den Rücken, als ein Freund mir seine Arbeit mit seiner sterbenden Frau nahebrachte und wie er nach dem Tod der geliebten Partnerin mit uns umging. Wir, in diesem Fall meine Frau und ich, waren die Getrösteten, Gestärkten. Das hatte mich wachgerüttelt. Ich hatte noch viel, viel zu lernen und versuche es täglich, in kleinen Schritten.

- ## Konkrete Möglichkeiten, einem Trauernden nahe zu sein

In der nachstehenden Tabelle habe ich die
Möglichkeiten der Trauerarbeit zusammengefasst:

Die Trauerarbeit/Zeit	Trauernder	nicht-beruflicher Helfer (z. B. Freund)	und/oder beruflicher Helfer (z.B. Arzt, Seelsorger, Sozialarbeiter)
Präventive Trauerarbeit vor Eintritt des Todes	Gespräche über Tod, Sterben, Verluste, die mit dem Sterbenden geführt werden	Gespräche mit dem Trauernden über den bevorstehenden Tod eines Nahestehenden	Vorträge oder Veröffentlichungen empfehlen, die eine Auseinandersetzung mit dem Tod unterstützen; evtl. medikamentöse Unterstützung
Trauerarbeit nach Eintritt des Todes 1. Phase	Die Trauer zulassen, Gefühle zeigen dürfen, Rückzug in die Innenwelt zulassen	Mit dem Trauernden trauern, Selbsttötung- und Suchtgefährdung des Trauernden erspüren; alle Gefühlsschwankungen zulassen; notfalls prof. Unterstützung anfordern	Gefühlsschwankungen erkennen und gelten lassen, genau über eine normale Trauer informieren und evtl. medikamentöse Entlastung sowie Inanspruchnahme prof. Hilfe anraten bzw. dringlich empfehlen
Trauerarbeit nach Eintritt des Todes 2. Phase	Entscheidung zu neuem Leben; Investitionen in das Weiterleben	Neue Beziehungen fördern	Den Trauernden bei neuer Rollenfindung stützen

29

Besonders eindrucksvoll ist für mich immer wieder zu lesen, zu erfahren, dass der präventiven Trauerarbeit eine hohe Bedeutung zukommt. Und, wie geschildert, hat uns dieser Freund ein sehr gutes Beispiel dafür gegeben, was es bedeutet, den Sterbenden auf das neue Leben nach dem Tode vorzubereiten. Die Auseinandersetzung mit dem Tod und dem Danach können für den Sterbenden, aber auch für den, der zurückbleibt, eine Abmilderung der Trauer bedeuten, vor allem dann, wenn beide zu der Erkenntnis gelangen können, dass der Tod in die geistliche Freiheit führt.   In diesem Zusammenhang nenne ich immer gern das Zitat von Seneca: *„Bereite dich auf den Tod vor, das will besagen: bereite dich auf die Freiheit vor".*

Wer als Helfer einen Trauernden ein Stück des Weges begleiten möchte, der ist nicht nur gut beraten, sich mit den Regeln und Empfehlungen der partnerzentrierten Gesprächsführung vertraut zu machen, sondern sein gesamtes Verhalten zu überdenken. In meiner Praxis als Kriminalist habe ich einige nicht hilfreiche Erfahrungen sammeln können, von Ermittlern, Ärzten, Bestattern, Seelsorgern. Dabei haben manch trauernde Eltern, Angehörige schlucken müssen. Einige haben aber auch reagiert, und das, was eine Mutter empfunden hat, als Kriminalbeamte wegen des „Plötzlichen Kindstodes" in ihrem Hause ermittelten, habe ich ausschnittweise für Sie aufbereitet:

„Die Beamten wissen nicht, was sie sagen sollen - und ihnen bleibt das Protokolldeutsch.   Möglicherweise Empfinden sie die Brutalität des gesamten Geschehens

ähnlich wie die Eltern -, dass man von allen Seiten ausge-
fragt wird, dass ständig fremde Leute im Wohnzimmer
stehen, und vor allem: dass das Kind gleich mitgenom-
men wird. Und in dieser Situation müssen sie einerseits
ihrer Pflicht nachgehen, sich nach ihren Vorschriften
richten, und dazu noch eine fast seelsorgerische Funk-
tion übernehmen, nämlich die, den Eltern einen Abschied von ihrem Kind zu ermöglichen. Dies geht ja weit
über den eigentlichen Aufgabenbereich der Beamten
hinaus. Und doch: Ein Abschied muss stattfinden, der
Leichnam wird beschlagnahmt, das Kind verlässt sein Zuhause, das Bett bleibt leer, und in vielen Fällen, wie bei
uns auch, sehen die Eltern ihr Kind nicht mehr. Sicherlich
offenbart sich an dieser Situation das starke Defizit unserer Gesellschaft, den Toten einen würdevollen Abschied
zu gewährleisten. Konkret bedeutet es jedoch, dass
höchstwahrscheinlich zumeist die Kripobeamten die
traurige Aufgabe haben, diesen Augenblick des Abschieds positiv und taktvoll zu lenken - ob dies in ihrem
definierten Aufgabenbereich liegt oder nicht. In einer
solch schmerzlichen Situation, in der die meisten Eltern
zu keinem klaren Gedanken fähig sind, brauchen sie einfach irgendjemand, der sie ein wenig an die Hand
nimmt.

Ich erwarte kein Mitgefühl, sondern dass die Beamten
derartigen Sterbefällen, die immer wieder zu ihrer Arbeit
zählen werden, und die für die Eltern so immens wichtig
sind, gewachsen sind.

Konkret wünsche ich mir, dass
* nicht von der Leiche gesprochen wird, sondern von

„Ihrem Kind, Ihrer Tochter, Ihrem Sohn, der/dem Kleinen",

- *sich die Beamten den Namen merken,*
- *gewisse Begriffe wie „Beschlagnahmung der Leiche", „Freigabe des Leichnams durch den Staatsanwalt" etc. durch etwas weichere Formulierungen ersetzt werden,*
- *die Ermittler ihren Namen und Erreichbarkeit hinterlassen, damit man bei notwendigen Rücksprachen nicht schon an der Zentrale seine Geschichte erzählen muss,*
- *die Ermittler ihre Fragen auf ein Minimum reduzieren, da ein Großteil der formalen Angaben mit Sicherheit auch zu einem späteren Zeitpunkt geklärt werden kann. Die verbleibenden Fragen sollten die Beamten so taktvoll stellen, dass die ohnehin starken Schuldvorwürfe, die sich alle Eltern machen, nicht noch durch den zusätzlichen Eindruck eines Verhörs untermauert werden. Dazu gehört vielleicht vorrangig, dass zwischen den Zeilen zum Ausdruck kommt, dass der Ermittler an die Unschuld der Eltern glaubt,*
- *die Ermittler in Anwesenheit der Eltern nicht über andere Alltagsgeschehnisse sprechen oder gar lautstark diskutieren,*
- *einem Zeit gelassen wird. Warum müssen die Kinder gleich abgeholt werden? Dieser Punkt ist mir von allen am wichtigsten. Warum können die Ermittler nicht sagen: Wir lassen Sie jetzt mit Ihrem Kind allein, damit Sie in Ruhe Abschied nehmen können. Lassen Sie sich Zeit. Wir verlassen jetzt das Zimmer, und Sie sagen, wann wir reinkommen dürfen, denn es ist für*

die Trauerarbeit sehr wichtig, einen gewissen Moment des Abschieds, so qualvoll er auch ist, zu erleben. Deshalb könnte es von großem Wert sein, wenn die Kripo die Situation ein wenig in die Hand nimmt („Gehen Sie noch mal hin, oder nehmen Sie es noch mal auf den Arm" usw.),

- im Falle dessen, dass diese Aufgaben für einen Ermittler nicht leistbar sind, Ansprechpartner vermittelt werden, die das Vertrauen der Polizei genießen und darüber wachen, dass die Eltern nichts verändern, aber gebührend Abschied nehmen können. Dies könnten professionelle Trauerberater sein oder Eltern, die selbst ein Kind verloren haben und nun den Eltern beistehen können und wollen,

- die Eltern, wenn dies möglich ist, in gewisser Hinsicht einbezogen werden, z. B. so: „Möchten Sie, dass ein Geistlicher kommt? Möchten Sie, dass wir ein ganz bestimmtes Beerdigungsinstitut benachrichtigen? Möchten Sie, dass ein Familienmitglied kommt und bei Ihnen bleibt?",

- darüber nachgedacht wird, ob es sinnvoll sein kann, einen vorgefertigten Brief an die Eltern mitzubringen, in dem einerseits Beileid ausgedrückt und zum anderen auf die Notwendigkeit von der Obduktion hingewiesen und über faktische Abläufe informiert wird. Häufig sind die Eltern überfordert, weil ihnen die formalen Hintergründe der Obduktion und die weitere Vorgehensweise fremd sind. In diesem Brief ließen sich auch bestimmte Ansprechpartner in der Region mit Telefonnummern auflisten, Trauerberater, karitative Einrichtungen, Forschungsgruppen,

Selbsthilfegruppen, evtl. Buchhinweise, ebenso ließe sich der Name des eingesetzten Beamten wie auch des Sachbearbeiters handschriftlich nachtragen. Ein solcher Brief gäbe den Eltern sicherlich das Gefühl, dass die Kripo ihr Möglichstes tut, die Eltern zu unterstützen und an kompetente Stellen weiterzuvermitteln.

- *Meine Wut und Enttäuschung habe ich bereits in einem Artikel zum Ausdruck gebracht, der in etlichen Boulevardblättern veröffentlicht wurde. Gerne würde ich nun selbst konstruktiv dazu beitragen, den Abschied vom Kind für andere Betroffene humaner zu gestalten... usw."*

Die Mutter, konfrontiert mit dem „Plötzlichen Kindestod", drückt in ihrem Schreiben den Schmerz aus, den auch andere Hinterbliebene durchaus nachempfinden können. Beachtenswert ist, dass sie nach einem ersten Aufschrei in den Medien danach gezielt aktiv mitwirken wollte, dass alle staatlich Befugten in solch einem schlimmen Erleben lernen, angemessen mit der Trauer des Menschen, mit dem sie Kraft ihres Amtes zu tun haben, umgehen können. Schon allein deshalb lohnt es sich, die Bitten dieser Mutter mehrfach zu lesen.

Ich selbst habe als Kriminalist einige dieser plötzlichen Todesfälle bearbeitet, habe mich, nachdem ich diesen Brief zum ersten Mal gelesen habe, sofort gefragt: Wie bist du eigentlich mit den Angehörigen, Hinterbliebenen umgegangen? Ich glaube schon, einige ihrer Wünsche beachtet zu haben, aber eben nicht alle. Ein Todesfall ist mir in besonderer Erinnerung geblieben.

Vor vielen Jahren wurde ich zu Eltern gerufen, deren Kind, ein dreizehn Monate altes Baby, durch den „Plötzlichen Kindestod" ums Leben gekommen war. Es waren Eltern einer besonderen Volksgruppe in unserem Lande, die in einem abgegrenzten Raum lebten und von uns Mitmenschen nicht immer „gut angesehen" waren. Der Arzt hatte die Diagnose gestellt, die Hütte wieder verlassen und die Polizei verständigt. Das ist in solchen Fällen nicht unüblich, weil der Mediziner in dem Totenschein ein Kreuz markiert, das die Kripo auf den Plan ruft, wenn er die genaue Todesursache nicht bestimmen kann.

Mit gemischten Gefühlen war ich damals in diese Hütte gefahren. In dem Wohnzimmer waren viele Angehörige dieser Volksgruppe anwesend und trauerten um das tote Baby.

Ich wurde mit Skepsis begrüßt, aber die Eltern zeigten mir das Baby, ihr Kinderbettchen und beschrieben mir die Auffindesituation und zeigten dabei eine Trauer, die mich sehr berührte. Meine Untersuchungen bescheinigten den Eltern, dass sie ihrem Baby zu Lebzeiten alles gegeben haben, was ein solches Kindlein braucht, eher noch mehr und sie zeigten mir noch etwas, was mich tief beeindruckte: Die Art und Weise, wie sie auch nach dem Tod mit ihrem Kind umgingen, auf welche Weise sie von ihm Abschied nahmen. Das hatte mich damals tief bewegt. Ich glaube, ich habe sogar gegen Dienstvorschriften verstoßen, als ich den Eltern erlaubte, den Leichnam des Kleinkindes bis zum nächsten Morgen in der Hütte aufzubahren, um nach ihren Sitten und Gebräuchen Abschied zu nehmen und erst am nächsten Tage den Bestatter walten zu lassen. Ich konnte es seinerzeit einfach nicht übers Herz bringen, den Vorschriften entsprechend zu handeln.

Ein anderes Erleben zeigt, wie Trauernde mit einem Verlust umgehen. So habe ich vor einigen Jahren eine Familienanzeige eines trauernden Vaters gelesen, die mich, aber auch viele meiner Kursteilnehmer oft weinen ließ. Lesen Sie bitte selbst:

„Hallo ....(den Spitznamen des Kindes habe ich gestrichen) noch immer kann ich es nicht verstehen, deshalb schreibe ich Dir. Im April 1990 sagte mir Deine Mutter, dass sie schwanger ist. Ich konnte es nicht fassen, mein erstes Kind – Wahnsinn (Name des Kindes mit Geburtsdatum). Du hast es spannend gemacht, 8 lange Stunden, dann endlich habe ich Deinen ersten Schrei gehört. Gemeinsam haben wir eine schwere Zeit durchgemacht, aber Dein Lachen, Deine strahlenden Augen gaben mir unendlich viel.

Und nun, ein Anruf und das unabwendbare Unheil nimmt seinen Lauf.

Du liegst vor mir auf der Intensivstation, überall Kabel und Geräte. Deine Augen geschlossen, kraftlose kleine Händchen.

Ich sehe den Schmerz Deiner Mutter und kann nicht helfen. Tiefes Leid und ich bin hilflos.

Überall bemühen sich alle Ärzte und Schwestern, versuchen Hoffnung zu geben. Was kann ich tun, außer hoffen. Deine Oma kommt und holt ...(Name), damit sie nicht Dein Leid und das Deiner Mutter erlebt. Sie, die mit ihren 4 Jahren die Polizei anrief, sagt zu mir am Flughafen - Papa, ...(Spitzname) darf nicht sterben.

Behutsam führt man uns bei jedem Besuch an die Erkenntnis, dass es keine Hoffnung mehr gibt.
Ich sehe schweres Leid Deiner Mutter und unendlich viel Liebe. Sie möchte Dich mit nach Hause nehmen. Die Ärzte raten ab. Wie viel Leid kann ein Mensch ertragen?

Wir wollen mit Dir allein sein in Deiner letzten Stunde. Du liegst in ihren Armen, Deine Mutter wiegt Dich. Sie hat Dich ein letztes Mal gewaschen und angezogen.
Deine strahlenden Augen sind geschlossen, Dein Lachen ist verstummt.
Das Wasser kannst Du nicht mehr sehen von Deinem Lieblingsplatz.
Dein Atem wird schwächer und ich stehe hilflos daneben. Die Trauer und Tapferkeit Deiner Mutter sehen, verbunden mit all dem Leid der letzten Tage, ich liebe Dich. Du gleitest hinüber, wohin? Wir verlieren Dich (Name und Sterbedatum).
... (Spitzname) ich liebe Dich und Dein Geburtstag schmerzt. In unser aller Namen danke ich der Polizei, dem Rettungsteam der Hubschrauberbesatzung. Sie waren schnell und haben Dich ins Leben zurückgeholt, aber es war zu spät. Ebenso danken wir den Ärzten und Schwestern der Intensivstation des Krankenhauses ....
Unser besonderer Dank gilt Schwester .... und Dr. ...., die Dich nach Hause begleitet haben.
Wir haben Dich in der See bestattet und unsere Gedanken sind bei Dir.
Dein Vater."

Schweigen... Gefühle zulassen, alles, liebe Leserin, lieber Leser, ist nach den für mich immer noch ergreifenden Zeilen erlaubt.

Mir ist sehr wohl bewusst, dass einige Menschen, die solch eine Anzeige in der Zeitung lesen, vielleicht sagen: Das ist nicht meine Art, mit der Trauer in der Öffentlichkeit umzugehen. Und auch das akzeptiere ich, aber: Wünschenswert wäre aus meiner Sicht, dass wir jede Art von Trauer zumindest respektieren.

Dieses Buch soll Anregungen darüber geben, wie wir einem Trauernden eine Hilfe sein, ihn ein Stück begleiten können.

- **Handreichungen für ein „gesundes" Durchleben einer Trauer**

  - Akzeptieren Sie die Trauer. Lassen Sie sich von ihren Wellen tragen. Versuchen Sie nicht, „gefasst" zu sein. Nehmen Sie sich Zeit, um zu weinen. Dies gilt auch für Männer: starke Männer dürfen auch weinen.

  - Reden Sie darüber. Teilen Sie Ihre Trauer innerhalb der Familie mit: Versuchen Sie nicht, andere durch Schweigen zu schützen. Finden Sie einen Freund, mit dem Sie sprechen können, jemanden, der zuhören kann und nicht gleich ein Urteil fällt. Wenn möglich, finden Sie jemanden, der eine ähnliche Trauer erlebt hat. Und reden Sie viel. Falls ein Freund Ihnen sagt, „reiß dich zusammen", suchen Sie sich einen anderen Freund.

  - Beschäftigen Sie sich. Erledigen Sie eine sinnvolle Arbeit, die Ihre Gedanken in Anspruch nimmt. Vermeiden Sie jedoch hektische Aktivitäten.

  - Seien Sie gut zu sich selbst. Trauern kann Ihrer Gesundheit schaden. In diesem Augenblick werden Sie vielleicht meinen, dass es Ihnen nichts ausmacht. Dies wird sich aber ändern. Sie sind wichtig - Ihr Leben ist wichtig - kümmern Sie sich darum.

  - Ernähren Sie sich richtig. In dieser Zeit der emotionalen und physischen Erschöpfung braucht Ihr

Körper mehr als je zuvor eine ordentliche Ernährung. Falls Sie nur wenig essen können, sollten Sie an Multivitamine denken. Nur ist dies kein Ersatz für eine gesunde Ernährung.

- Machen Sie regelmäßig Körperübungen. Kehren Sie zu Ihrem alten Programm zurück oder beginnen Sie eines, sobald wie möglich. Eine Depression kann durch Körperübungen gemildert werden, die biochemische Veränderungen hervorrufen. Sie werden besser schlafen. Eine Stunde spazieren gehen täglich ist das Ideale für viele Menschen.

- Versuchen Sie, Ihre Schuldgefühle loszuwerden. Sie haben sicherlich das Beste geleistet, was Sie konnten. Auch wenn Sie Fehler gemacht haben, müssen Sie lernen, sie zu akzeptieren, da wir alle Fehler machen. Nur im Nachhinein kann man alles besser machen. Falls Sie überzeugt sind, dass Sie wirklich Schuld haben, überlegen Sie, den Rat eines Psychologen oder den eines Seelsorgers einzuholen. Falls Sie an Gott glauben, kann der Pastor Ihnen auch helfen, an Gottes Vergebung zu glauben.

- Akzeptieren Sie Ihr Verständnis vom Tod, zumindest im Augenblick. Sie haben sich wahrscheinlich gefragt: „Warum?", und haben begonnen zu verstehen, dass Sie nie eine angenehme Antwort darauf bekommen werden. Doch wahrscheinlich haben Sie einen Ansatz zur Beantwortung der

Sinnfrage gefunden. Verwenden Sie diesen Ansatz, bis Sie sich hinaufgearbeitet haben zu einem anderen Verständnis.

- Treten Sie einer Gruppe von anderen Trauernden bei. Ihr alter Kreis von Bekannten und Freunden kann sich ändern. Auch wenn dies nicht geschieht, werden Sie neue Freunde brauchen, die eine ähnliche Erfahrung gemacht haben. Trauernde Menschen kommen manchmal in Gruppen zusammen, um Freundschaften zu pflegen und um sich gegenseitig mitzuteilen.

- Behalten Sie Kontakt zu alten Freunden. Dies kann schwierig sein. Manche werden in Verlegenheit geraten bei Ihrer Anwesenheit, aber das wird vorübergehen. Und wenn es Ihnen gelingt, sprechen Sie und geben Sie sich natürlich, ohne das Thema Ihres Verlustes auszuklammern.

- Verschieben Sie wichtige Entscheidungen, z. B.: Warten Sie, bevor Sie sich entschließen, Ihr Haus zu verkaufen oder Ihre Arbeitsstelle aufzugeben.

- Führen Sie ein Tagebuch, wenn Sie gern schreiben. Dadurch lernen Sie, Ihre Emotionen auszudrücken, und Sie belegen Ihren eigenen Fortschritt. Verwandeln Sie Trauer in eine kreative Energie. Wenn Sie anderen helfen, deren Last zu tragen, wird Ihre eigene leichter. Falls Sie schreiben können, setzen Sie diese Möglichkeit ein. Große Literatur ist geschrieben worden anlässlich des Verlustes eines geliebten Menschen.

- Nutzen Sie Ihre Kirchenzugehörigkeit, falls Sie eine haben. Wenn Sie bisher inaktiv waren, könnte dieses die Zeit sein, eine neue Aktivität zu entwickeln. Die Bibel sagt viel aus über Trauern. Alte Kirchenlieder sind auch tröstlich. Nach und nach werden Sie entdecken, dass Sie doch nicht so wütend auf Gott sind.

- Suchen Sie eine Expertenberatung, wenn notwendig. Setzen Sie der erdrückenden Trauer ein Ende. Es kommt eine Zeit, da das Weinen aufhören und da man weiterleben muss. Manchmal genügen schon einige Sitzungen mit einem erfahrenen Berater, um Hilfe zu erfahren, Wut, Schuld und Verzweiflung aufzulösen, so dass Sie wieder leben können.

- Und vergessen Sie nie: So tief Ihre Trauer auch sein mag, Sie sind nicht allein. Andere haben das Gleiche auch erlebt und werden Ihnen helfen, Ihre Last zu tragen, wenn Sie ihnen dieses nur erlauben. Verweigern Sie sich nicht. Lehnen Sie das Angebot nicht ab.

Ich glaube, dass diese Anregungen und Empfehlungen für einen Trauernden ein Ansporn für alle Helfer sein können, das Leid eines Trauernden zu teilen. Ich schließe dieses Kapitel mit einem Zitat von Theodor Fontane:

„Man kann den Tod eines geliebten Menschen tief und innig beklagen und doch in Hoffnung und selbst in Heiterkeit weiterleben".

Soweit der Auszug aus meinem Buch aus dem Jahr 2003.

Nunmehr gewähre ich Ihnen einen sehr persönlichen Einblick in meinen Verlust- und Trauerprozess.

KAPITEL II = Eigenes Erleben: Der schleichende Verlust

- **Die todbringende Diagnose bei meiner Frau und ihre sowie meine Reaktionen**

Ich habe meiner Frau nach ihrem Tod einen „letzten Liebesbrief" geschrieben, den ich nach der Seebestattung meinen Kindern geschenkt habe. Aus ihm werde ich von Kapitel zu Kapitel ausschnittweise zitieren, weil er genau beschreibt, was in dem Jahr 2018 passiert ist und was dieses Geschehen mit meiner Frau und mir gemacht hat.

Hier die Ausschnitte beginnend im Frühjahr 2018:

„... du wurdest von Woche zu Woche immer ein wenig schwächer. Wir hatten zu dem Zeitpunkt schon Angst, wie alles weiter gehen würde. Die bisherigen Blutuntersuchungen waren nicht eindeutig. Schon damals quälte uns die Ungewissheit. Aber dann schickte uns unser Hausarzt in die Onkologische Ambulanz nach Lübeck. Und dort erhielten wir nach den ersten Untersuchungen die niederschmetternde Diagnose: Leukämie! Weißt du noch, was der behandelnde Arzt zu uns sagte? Wir befänden uns in der Mitte des von ihm aufgezeichneten Halbmondes und eine Tablettentherapie würde ausreichen. Doch nach einer knappen Woche des Wartens auf die Auswertung der Knochenmarkuntersuchung kam dann seine Korrektur, die uns beide

Anfang Juni so richtig kalt erwischt hatte: Ohne eine Knochenmarktransplantation (KMT) würdest du das Jahresende nicht mehr erleben. Das hatte uns beide „umgehauen" und wir haben auf der Nachhausefahrt geweint. Aber du warst tapfer, und ich musste es dann auch sein. Bereits auf dem Nachhauseweg erhielten wir für den 12. Juni von dem Universitätskrankenhaus Hamburg-Eppendorf (UKE) einen Termin bei Professor Kröger. In dem ersten Aufklärungsgespräch sprach dieser von den Heilungschancen und du hattest ihn falsch verstanden, weil du glaubtest, dass du persönlich nur zu 50 Prozent geheilt werden könntest. Du fingst an zu weinen und erst auf dem Heimweg konnte ich dich beruhigen. Er hatte gemeint, dass 50 Prozent aller Patienten nach einer KMT völlig geheilt werden könnten und nie wiederkommen müssten. Wir sagten uns beide, dass eine fünfzigprozentige Heilungschance eigentlich doch sehr tröstlich ist. Trotzdem entwickeltest du noch am selben Tag einen Herpes an der Oberlippe…"

„… am 29. Juni erlebten wir im UKE eine dreistündige Aufklärung zu der KMT. Es sprachen eine Krankenschwester, ein Arzt, ein Psychologe, ein Angestellter des Sozialen Dienstes sowie ein Patient und eine Angehörige eines Patienten. Wir beide waren uns danach einig, dass wir eine solch informative Aufklärung noch nie zuvor erlebt hatten. So richtig zufrieden und dankbar und vor allem zuversichtlich machten wir uns damals auf den Heimweg…"

„... leider vertrugst du in der Zwischenzeit den zweiten Chemo-Zyklus in Lübeck nicht, so dass du sogar noch stationär in Lübeck behandelt werden musstest. Ich habe dich dort täglich besucht und du warst wieder so tapfer. Du hast nicht einmal geklagt! Du hast nur einmal gefragt, ob du das schaffen würdest. Und ich habe gesagt, natürlich schaffst du das! Wir beide schaffen das! Aber auf den Nachhausefahrten habe ich doch ab und zu geweint. Ich hatte einfach Angst, dich zu verlieren. Doch ich wollte sie dir auf keinen Fall zeigen. Vielleicht hattest du aber auch Angst und wolltest sie mir gegenüber auch nicht zeigen. Ich weiß es nicht. Manchmal denke ich, es wäre besser gewesen, zu diesem Zeitpunkt offen über unsere Gefühle zu sprechen. Jedoch wollte ich dir damals unbedingt Mut machen und habe alles mit mir allein abgemacht..."

- **Fünf Monate zwischen Hoffen und Bangen - die Zeit im UKE in Hamburg – für meine Frau und für mich**

„... noch während deines Krankenhausaufenthaltes in Lübeck erhielten wir vom UKE in Hamburg die freudige Nachricht, dass ein passender Spender gefunden worden war! Und du wurdest am 30. Juli 2018 auf der KMT-Station aufgenommen. Da waren wir beide sehr, sehr erleichtert. Wir hatten zuvor beschlossen, dass ich mich in deiner Nähe einquartiere, so dass ich täglich bei dir sein konnte.

Nach einigen Voruntersuchungen hast du dann die Konditionierungsphase erlebt und aushalten müssen! Täglich Hochdosis-Chemo, ein sogenanntes Kaninchen Eiweiß und am sechsten und siebenten Tag zweimal täglich eine Ganzkörperbestrahlung. Und das alles hast du so tapfer überstanden. Und wieder hast du niemals geklagt und niemals gefragt, warum? Nein, das haben wir beide nicht! Ohne uns darüber auszutauschen!

Am siebenten August hast du dann deinen zweiten Geburtstag gefeiert. Die Knochenmarkspende war eingetroffen. Gegen 22 Uhr erhieltest du völlig unspektakulär diese Spende. Ich war bei dir und habe deine Hand gehalten, bis ich dann gegen Mitternacht in mein Hotelzimmer gegangen bin. Wir waren glücklich. Jetzt hieß es warten, ob das neue Knochenmark von deinem Körper angenommen werden würde. Die übliche

Wartezeit beträgt im Mittel 14 Tage. Es war ein Hoffen und Bangen. Aber du hast auch diese Zeit glänzend überstanden. Obwohl völlig kraft- und appetitlos, hast du täglich geduscht und deinen Körper eingecremt. Und meistens dein Bett täglich neu bezogen! Ich habe dir nur dreimal geholfen. Welch eine eiserne Disziplin von dir! Ich war richtig stolz auf dich und auch die Ärzte und Krankenschwestern haben dich gelobt, wie gut du diese äußerst schwere und schwierige Zeit überstanden hast.

Und dann war es endlich soweit. Als 1000 Leukozyten in der Blutuntersuchung gemessen werden konnten, durftest du Mitte August umziehen – auf die andere Seite der KMT-Station. Und ich durfte ohne Schutz-kleidung zu dir kommen. Du hattest einen kleinen Bal-kon, auf dem wir oft gesessen haben – bei dem Som-mer! Wir hingen dann manchmal schweigend unseren Gedanken nach und eine Vorfreude erfasste uns, weil das Ende des stationären Aufenthaltes in Sicht war. Wir haben fleißig trainiert, sind Treppen gegangen, auf dem Flur auf und ab und manchmal wagten wir einen Ausflug ins Freie. Und dann saßen wir auf einer Bank unter einem Baum, hielten uns an den Händen und waren glücklich darüber, dass du alles bisher so glän-zend gemeistert hattest. Wir waren uns völlig sicher, dass du zu den 50 % der Patienten gehörst, die zwar regelmäßige Kontrollen benötigten, aber den Krebs besiegt hatten. Wir wurden in unseren positiven Ge-danken durch die Ärzte sehr gestützt. Ich sehe noch heute dein Lächeln, als uns die Oberärztin den Ent-lassungstag nannte: 3. September. Und der erste

Kontrolltermin bei ihr war der 5. September. Sie hatte uns mit den Worten entlassen, dass sie sehr zufrieden mit dir und dem Heilungsprozess sei. 99,7 % des neuen Knochenmarks lebten in deinem Körper. Das sei ein sehr hoher Wert, meinte sie. Es würden Patienten mit rund 97 % entlassen, die dann dauerhaft geheilt gewesen seien. Die Medikamentenliste war lang: täglich 32 Tabletten – morgens 16 – mittags 8 – abends 8. Das war für dich eine große Herausforderung. Doch das war zweitrangig. Wir waren wieder zu Hause. Du warst am Anfang ein wenig ängstlich, denn die 24-Stunden-Umsorgung gab es nun nicht mehr. Auch mir klopfte schon ein wenig das Herz, aber wir gingen es beide gemeinsam an. Wir haben auch die besondere Ernährung eingehalten und du warst mit allem einverstanden, was ich dir „servierte": Morgens einen Esslöffel Cornflakes in Milch, mittags ein Hipp-Gläschen und abends eine Scheibe Vollkornbrot ohne Körner. Darauf hattest du richtig Appetit gehabt. Und dann waren wir täglich draußen und konnten noch ein paar Tage dieses Supersommers genießen. Den Kontrolltermin am 5. September hattest du gut überstanden und die Werte waren so gut, dass uns Frau Wolschke erst wieder am 11. September wiedersehen wollte. Wir beide hatten uns angeschaut und gelächelt. Also erst in sechs Tagen. Das nährte unsere Hoffnung auf eine endgültige Genesung erneut..."

- **Unser Glaube – unsere Kraft?**

Es ist an der Zeit, eine erste Zwischenbilanz zu der aufgeworfenen Frage zu ziehen. Sie werden es vielleicht im ersten Kapitel, in Fachzeitschriften gelesen oder in einer Dokumentation gehört haben, dass Menschen, die glauben können, schwere bis schwerste Schicksalsschläge wie den Tod eines geliebten Menschen oder eine schwere Erkrankung seelisch besser verkraften, verarbeiten können. Sie ziehen aus ihrem Glauben die Kraft, indem sie beten und ihrem Gott alles anvertrauen und ihm vertrauen. Übrigens gleichgültig, welcher Glaube die Menschen beseelt. Wir sind Christen. Ja und wir waren aktiv. Meine Frau hatte sich als Lehrerin für die Kinder in der Sonntagsschule betätigt, war viele Jahrzehnte Chorsängerin und auch ich war einige Jahre als Religionslehrer unterwegs und auch eine Zeitlang Chorsänger. Und gebetet haben wir auch, morgens und abends. Soweit so gut. Und wenn es einem gut geht, kann man auch gern Gott danken und ebenso gern für andere etwas erbitten. Natürlich gab es auch in unserer Familie Geschehnisse, Krankheiten, die uns auch tief besorgt haben und dann wurden die Gebete natürlich intensiver – viel intensiver. Ja, meine Frau und ich konnten sagen, dass wir bei einer positiven Wendung auch das Danken nicht vergessen haben. Aber es gab auch Unheilbares auszuhalten und da wurde es mit dem Danken schon etwas schwieriger…

Doch jetzt zur schweren Erkrankung meiner Frau.

Ich kann erahnen, dass sie für sich sicherlich Gott um Beistand gebeten hat. Ich selbst habe damit ein Problem gehabt und habe es bis heute. Ich möchte Ihnen das gern näher erläutern. Vorab kann ich ohne Wenn und Aber sagen, dass wir beide nach der Entlassung sehr, sehr dankbar waren und das Gott mehrfach innigst gesagt haben.

Jetzt zu meinen Erläuterungen. Das erste Mal, dass ich mit der Frage konfrontiert wurde, ob es sich eigentlich lohne, Gott um etwas zu bitten, war ein Ereignis, das ein älterer Christenmensch zu durchleben hatte. Seine Frau war in der Küche mit dem Kopf gegen eine Schranktür gestoßen, hatte eine Einblutung im Gehirn erlitten, die letztlich zum Tode führte. Ich habe damals diesen Bekannten ein wenig begleitet und es war seine Aussage – kurz vor ihrem Tod – in zwei Teilen, die mich sehr nachdenklich gestimmt hatte: 1. Aussage von ihm: *„Ich bitte den lieben Gott um nichts mehr!"* Okay, dachte ich damals, dieser Mensch ist verständlicherweise verbittert und zürnt mit seinem Gott. Doch dann folgte die 2. Aussage: *„Ich danke ihm nur noch für die vielen Jahrzehnte, die ich mit meiner Frau verbringen durfte!"* Puh! Da hatte ich damals erst einmal schlucken müssen. Welch eine Weisheit dieses alten Mannes! Damals hätte ich nicht gewusst, ob ich in solch einer Situation so hätte reagieren können – wirklich nicht! Und heute? Zwischen damals und heute liegen viele, viele Jahre, in denen ich genügend Zeit hatte, darüber genauer und intensiver nachzudenken. Und das habe ich getan. Es gibt so viel Grausames, so viel Abgründiges, so viel menschliches Leid.

Und ich kann mir einfach nicht vorstellen, dass Gott das zu verantworten hat. Beim besten Willen nicht. Nach meiner christlichen Lesart ist er für das Leben verantwortlich. Und wie sich das Leben eines Menschen bis zum Sterben gestaltet, das wird meiner Meinung nach von mir selbst oder von einer anderen Macht bestimmt, ohne sie jedoch benennen zu können.

Ich habe in unserem Schicksalsjahr den Verfall meiner 97jährigen Mutter miterleben müssen. Sie wollte schon lange sterben, musste sich aber über viele, viele Monate quälen und ist dann für mich elendig zugrunde gegangen. Und wer da alles gebetet hat! Die Christengemeinde, der Gemeindeleiter, Kirchenvorstand und natürlich die gesamte Familie und sie selbst. Und? Ich habe nach ihrem schrecklichen Tod nicht eine Sekunde getrauert, sondern war nur sehr, sehr dankbar, dass dieses Martyrium für sie endlich, endlich vorbei war.

Deshalb habe ich Gott nicht ausdrücklich um Beistand für meine Frau gebeten, weil ich keinen Sinn darin gesehen habe. Ich habe ihn nicht in die Verantwortung genommen und war ihm zu keiner Zeit gram. Gedankt habe ich immer, bei jedem Fortschritt bei meiner Frau. Eine mir befreundete Frau aus meiner Christengemeinde hielt mir aber entgegen, dass Gott mir doch die nötige Kraft zum Aus- und Durchhalten in der Begleitung meiner Frau gegeben habe. Ich habe das nie verspürt. Für mich habe ich die Kraft dafür aus der Liebe zu meiner Frau gezogen und ich weiß, dass es umgekehrt genauso gewesen wäre.

Und dass ich von dieser Kraft noch einiges gebrauchen musste, erfahren Sie im nächsten Kapitel.

- **Der schleichende Verlust nach Diagnostizierung eines Rezidivs**

„… doch unser kleines Glück sollte nicht lange währen. Bereits am Samstag, den 8. September ging es dir schlechter. Du hattest Hitzewallungen, überhaupt keinen Appetit und warst völlig kraftlos, so dass dir sogar das Duschen schwerfiel. Nach einem Arztgespräch im UKE am Sonntag, 9. September, haben wir über die Not-Aufnahme eine stationäre Einweisung erhalten. Du kamst auf „deine" KMT-Station im sechsten Stock. Zufällig war dort ein Zimmer frei geworden, was nicht selbstverständlich war! Du warst so froh darüber und hattest dich gleich wie zu Hause gefühlt. Und ich ließ dich mit einem guten Gefühl allein. Auch ich fühlte mich erleichtert, weil ich meine Verantwortung für dich wieder abgeben konnte. Am nächsten Tag haben wir telefoniert und du warst guter Dinge. Ein paar Blutsalze waren verschoben gewesen, was immer das bedeutete. Du sagtest, dass ich nicht zu kommen brauchte. Es würde ausreichen, wenn ich am Mittwoch zu dir käme. Das habe ich auch getan. Doch an diesem Tag, den 12. September, bemerkte ich eine große Unsicherheit bei dir. Du meintest, dass du noch nicht entlassungsreif seiest. Und als die Stationsärztin den Entlassungstermin am 13. ansprach, warst du gar nicht begeistert. Doch ich hatte dich überredet, der Entlassung zuzustimmen.
Am 13. September hatte ich dich dann mit unserem Auto abgeholt und auf der Nachhausefahrt geschah etwas Merkwürdiges. Du fragtest mich alle paar

Minuten, auf welchem Wege wir nach Hause fahren würden. Ich hatte dir immer wieder geduldig – glaube ich wenigstens – die Fahrstrecke beschrieben. Und du hattest dann genickt, aber nach kurzer Zeit wieder nachgefragt. Mir war etwas mulmig gewesen und als wir dann zu Hause waren, du in unserem Flur in den Spiegel geschaut hattest und ganz verwundert fragtest, warum du keine Haare hättest, wurde mir angst und bange. Du hattest dich im Schlafzimmer hingelegt, weil du erschöpft warst. Ich dagegen hatte richtig Angst und rief unseren Hausarzt an. Dieser schloss einen Schlaganfall aus. Noch am selben Abend habe ich dann deinen dich behandelnden Professor per E-Mail angeschrieben und er riet uns dringend, am 14. September die onkologische Ambulanz beim UKE in Hamburg aufzusuchen. Es erfolgte eine erneute stationäre Aufnahme in der Station 6 – KMT. Du warst mit allem so zufrieden, warst mit allem einverstanden, hast niemals nachgefragt, warum, wieso, weshalb. Dein Vertrauen in die Ärzte war sehr, sehr groß und vor allem fühltest du dich sehr sicher aufgehoben. Die Schwestern und Pfleger sowie die Ärzte waren dir sehr vertraut. Uns war von den Medizinern gesagt worden, dass wahrscheinlich Sandimmun, ein Immunsuppressivum, eine Verschiebung der Blutsalze bewirkt haben könnte und dass durch einen niedrigen Natriumgehalt Gedächtnislücken entstehen könnten. Man würde es ausschleichen und es durch ein anderes ersetzen. Du hattest das alles gleichmütig hingenommen, warst mit allem zufrieden und hattest nie geklagt. Das habe ich an dir sehr, sehr bewundert. Die Ärzte sagten mir nach der Visite auf dem Flur, dass ich jetzt die Verantwortung für dich hätte und dass alle Maßnahmen mit mir abgesprochen würden. Das hat mir damals den ersten Stich ins Herz versetzt, habe dir aber nichts gesagt, um dich nicht zu beunruhigen. Ich habe mir nach einer Zeit des täglichen Pendelns ein Zimmer im UKE-Appartement gemietet, um wieder täglich bei dir sein zu können..."

„... die Tage und Wochen vergingen, doch deine verminderte Gedächtnisleistung blieb. Es folgten mehrere Untersuchungen, die alle nicht eindeutig die Ursache deiner kognitiven Störungen erklären konnten.
Unsere Wohnung war dir irgendwie „weggerutscht" und ich habe sie dir auf deinem Tablet per Bild wieder hereingeholt, Tag für Tag. Und du warst damit zufrieden und so langsam stellte sich bei dir ein wenig Freude ein, wieder nach Hause zu kommen.
Doch dann kam die schreckliche Wende. Frau Dr. Wolschke war über einen Leberwert „gestolpert" und hatte daraufhin nochmals eine Entnahme des Knochenmarks veranlasst. Das hatte mich elektrisiert und ich habe dich und deine Mimik beobachtet, aber nicht erkennen können, dass dich diese Aussage besonders beunruhigt hätte. Aber mich schon! Und als kurz darauf der behandelnde Professor mir nach der Visite auf dem Flur das Ergebnis der Knochenmarkprobe mitteilte, hatte ich Mühe, nicht zu weinen. Dein krankes Knochenmark hatte wieder die Oberhand gewonnen. Der furchtbare Krebs war zurück. Und eine nochmalige KMT sei bei deinem Krankheitsbild nicht gegeben.

Diese Information traf mich ins Mark und das, obwohl ich vorgewarnt war. Als ich zurück zu dir ins Zimmer kam, da hatte ich große Mühe, nicht in Tränen auszubrechen. Du hattest die Aussage des Professors, dass da wieder ein paar kranke Zellen von dir zurückgekehrt seien, wie immer gleichmütig aufgenommen. Ich war darüber sehr erleichtert und dankte Gott dafür, dass deine kognitiven Störungen auch etwas Gutes hatten. Ich erlebte deinen Zustand als gnädig. Allerdings war ich mit meinen Gefühlen und Gedanken allein. Aber ich verrate dir ein Geheimnis: Ich habe sie mit unseren Kindern und mit den besten Freunden geteilt. Und das hat mir gutgetan. Allerdings habe ich mit ihnen nicht ausdrücklich über den nahenden Tod gesprochen.

In der Folgezeit verschlechterte sich dein Krankheitszustand. Du wurdest immer schwächer, nahmst kaum etwas zu dir, erhieltest künstliche Ernährung und fühltest dich miserabel. Und dennoch: Du klagtest nicht! Du fragtest nicht, warum die Verschlechterung eingetreten war. Du warst so so tapfer! Und ich habe mich bemüht, dich im Hier und Jetzt zu begleiten, vor allem dann, als du mich im November zwei-, dreimal fragtest du, ob du den Krebs besiegt hättest und ich Mühe hatte, dir nur die Teilwahrheit zu sagen: Ja, du hattest ihn besiegt, aber es waren wieder ein paar von deinen kranken Zellen zurückgekommen. Und daran würden die Ärzte arbeiten. Damit warst du zufrieden und hast nicht gejammert. Das war sehr gnädig.

Ende November war die Entlassung nach Hause geplant. Ich hatte einige Male mit der Oberärztin

gesprochen und auch mit dem Psycho-Onkologen. Er-
innerst du dich noch an ihn? Er war einige Male bei dir.
Und auch er hatte dich stets als ausgeglichen und vor
allem nicht klagend erlebt. Bei ihm habe ich einige
Male geweint, weil ich wusste, dass ich dich verlieren
würde. Und jetzt kann ich dir das ja schreiben. Das
hat unendlich weh getan. Ich hatte dann mit dir gemeinsam mental die Entlassung vorbereitet, habe das
Schlafzimmer umgestellt, einen Rollator, einen Toilet-
tenstuhl und einen Rollstuhl gekauft. Eine ambulante
Palliativ-Versorgung, inkl. der künstlichen Ernährung
war gewährleistet. Und dann war es soweit: am 30.
11. 2018 haben wir mit unserem Auto die Heimfahrt
angetreten. Die Fahrt war nicht ganz einfach, weil du
im Rücken doch deutliche Schmerzen hattest und ich
dir dreimal die Sitzposition im Auto verändern musste.
Doch dann war es endlich soweit. Gegen 18.30 Uhr
waren wir zu Hause…"

- ## **Mittendrin: Der Tod meiner 97jährigen Mutter**

Wie bereits beschrieben, hatten wir in dem Schicksalsjahr 2018 meine neben uns wohnende Mutter zu ver-
sorgen und zu betreuen. Ihr zunehmendes Leid und
ihr Nicht-Sterben-Können hatte uns beide zusätzlich
seelisch belastet. Nach der stationären Aufnahme
meiner Frau ins UKE Hamburg hatten wir die Betreu-
ung und Versorgung an meinen Bruder und meine
Schwägerin abgegeben, die sie in aufopfernder Weise
bis zu ihrem Lebensende gepflegt haben. Meine Mutter war nur zwei Tage vor dem Entlassungstermin
meiner Frau verstorben. Ich selbst habe die Beerdigung und Trauerfeier noch organisieren, aber nicht
daran teilnehmen können. Ich konnte und wollte
meine Frau nicht allein zu Hause lassen und außerdem
war ich mir nicht sicher gewesen, wie ich diese überstanden hätte. Nicht etwa, weil ich den Tod meiner
Mutter tief betrauert hätte, nein, im Gegenteil: Ihr Tod
hatte bei mir zu keiner Zeit Traurigkeit ausgelöst, sondern nur tiefe Dankbarkeit darüber, dass ihr Leiden
endlich, endlich vorbei war. Ich hatte Sorge wegen
meines emotionalen Ausnahmezustandes.

- **Vorwegnahme einer Trauer – ist das möglich?**

Vielleicht haben Sie den Satz noch in Erinnerung, den ich in Kapitel I in den allgemeinen Gedanken zur Trauerarbeit formuliert habe: *„Die Trauer wird erleichtert durch ihre teilweise Vorwegnahme im Beisein eines Sterbenskranken; vorauseilende Trauer kann nachgehende Trauer erleichtern."*

Ja, es kann so sein, ist aber nicht zwingend. Ich habe mich nach Erhalt der endgültigen Diagnose bei meiner Frau natürlich immer wieder gedanklich mit dem Sterben und ihrem Tod auseinandergesetzt – allein, wirklich ganz allein. Ich habe – wie erwähnt – weder unsere Kinder noch enge Freunde darauf angesprochen, weil ich nicht einschätzen konnte, wie sie damit umgehen würden, wie sie über mich denken würden usw. Und ich selbst habe diese aufziehenden Gedanken immer wieder verdrängt, habe mich selbst beschimpft, wieso ich überhaupt solche habe aufkommen lassen. Und dann, als das Schlimmste überstanden war und meine Frau mit einem wirklich sehr guten Wert nach Hause entlassen wurde, da verschwanden sie gänzlich aus meinem Kopf. Ich hatte dafür gar keine Zeit mehr. Unser gemeinsamer Blick war ausnahmslos nach vorn gerichtet – allerdings nur für wenige Tage. Danach waren sie wieder da, diese Gedanken, meine Frau für immer zu verlieren und sie verstärkten sich – von Tag zu Tag, von Woche zu Woche. Und wieder habe ich alles allein mit mir abgemacht, es nicht gewagt, mich jemandem anzuvertrauen. Sogar als mir durch die

Ärzte eindeutig signalisiert wurde, dass ich meine Frau verlieren würde, dass sie sterben würde, habe ich nach der Entlassung zu Hause einfach nur funktioniert: Tablettengestellung – minimale Sonderernährung – Unterstützung bei der Hygiene.

Das bedeutete aber nicht, dass ich den nahenden Tod meiner Frau verdrängt hätte, ihn nicht wahrhaben wollte. Nein! Im Gegenteil. Ich akzeptierte ihn und tat einfach nur das, was meiner Frau guttat – in ihren letzten Tagen im häuslichen Umfeld.

Ob diese meine Haltung für die Zeit nach dem endgültigen Verlust und für den nachfolgenden Trauerprozess hilfreich war, das kann ich heute gar nicht so wirklich einschätzen. Vielleicht ja, weil ich glaubte und heute noch glaube, eine gesunde Trauer durchlebt zu haben und noch heute durchlebe. Doch dazu später mehr.

- **Unsere Kommunikation eine Woche vor dem Tod meiner Frau**

„… doch in der Folgezeit ging es dir immer schlechter. Wir haben einige Male im Wohnzimmer gesessen, du auf dem Einzelsessel mit dem Blick nach draußen. Appetit hattest du nicht, aber ein wenig hattest du gegessen, schon allein wegen der Tabletten. Ich erinnere mich noch an eine Situation, in der du im Sessel sitzend, aus dem Nichts heraus sagtest: „Wenn ich es nicht schaffe, dann musst du das hier alles allein machen…". Ich habe mich erschrocken, eine Sekunde lang überlegt, wie ich reagieren sollte. Und dann fragte ich dich: „Hast du Angst, wenn du an das Sterben denkst?" Ganz spontan kam deine Antwort: „Nein, wir haben ja 45 Jahre miteinander verbracht." „Und wie waren diese Jahre für dich?" „Fantastisch", sagtest du nochmals spontan. „Ja, das waren sie," gab ich zurück. Mehr nicht. Ich hatte große Mühe, nicht zu weinen und verließ kurz das Wohnzimmer. Bis heute kommen wir immer wieder die Tränen, wenn ich an diese Situation zurückdenke. Und ich mache mir bis heute Gedanken darüber, ob es für dich nicht hilfreicher gewesen wäre, wenn ich dich umarmt hätte und wir beide geweint hätten. Aber ich wollte dein Herz nicht noch schwerer machen. Ich weiß nicht, ob meine Entscheidung richtig war, nicht mit dir intensiver über unseren Abschied gesprochen zu haben. Verzeih mir bitte, wenn ich falsch gehandelt habe. Und danach ging es mit dir rapide bergab. Am Sonntag, den 9. 12.

habe ich das erste Mal in deiner Gegenwart geweint. Warum? Ich war mit meinem Cousin in dessen Hotel zum Essen gegangen. In der Zwischenzeit waren unsere Kinder und Enkelkinder bei dir. Und als ich zurückkam, da war alles so still. Ich schaute kurz bei dir rein, aber du schienst zu schlafen. Im Wohnzimmer saßen sie alle und hatten Tränen in den Augen, weil du dich kurz zuvor von deinen Enkelkindern verabschiedet hattest. Ich drehte mich spontan um und ging zu dir, setzte mich auf die Bettkante und weinte bitterlich. Du sagtest nur – den Kopf zur Wand gedreht und mit geschlossenen Augen: „Du musst nicht weinen…". Ich habe dich gestreichelt, aber gesprochen haben wir nicht.

Die Nacht zum 10. 12. war für dich furchtbar. Ich hatte dir zwölf neue Schutzhosen angezogen und auch das war für dich eine Qual. Ich habe alle Notfallmedikamente vereinbarungsgemäß gegeben, doch deine Schmerzen ließen einfach nicht nach. Aber du hast nicht geweint, hast nicht geklagt, auch wenn es für dich eine Tortur war. Am Montagmorgen habe ich dann mit dem Hausarzt gesprochen und der verfügte eine Einweisung in das Elisabeth-Krankenhaus, Palliativstation. Ich kam zu dir und du warst sofort damit einverstanden, hast wiederum nicht gejammert…

Noch heute, also nach knapp anderthalb Jahren, kann ich beim Lesen dieser Zeilen meine Emotionen nicht zurückhalten, wenn ich an die oben beschriebenen Situationen denke. Und auch bis heute quälen mich die Gedanken, nicht angemessen reagiert zu haben. Ich frage mich, ob es meiner Frau gutgetan hätte, ein wenig tiefer in unser gemeinsames Leben gegangen zu sein, über das zu sprechen, was wir gemeinsam in den vielen Jahrzehnten er- und durchlebt hatten – an Schönem, aber auch an Belastetem. Hätte es meiner Frau nicht gutgetan, wenn ich sie nach diesem kurzen Gespräch fest in meinen Arm genommen hätte, auch wenn sie bereits an vielen Körperstellen hoch empfindlich geworden war? Hätte es meiner Frau vielleicht auch gutgetan, sie um Verzeihung zu bitten, als ich an ihrem Bett gesessen hatte und sie mir gesagt hatte, dass ich nicht weinen solle? Um Verzeihung zu bitten für all das, was ich in unserer Beziehung falsch gemacht hatte. Und da hätte es einige Situationen gegeben, die ich auch heute noch klar vor Augen habe, in denen ich mich danebenbenommen und meiner Frau verbal oder auch nonverbal weh getan habe. Ich muss an dieser Stelle kurz unterbrechen, weil der Tränenfluss mir die Sicht zum Schreiben raubt...

... jetzt bin ich wieder schreibbereit. Es hätte noch mehr Fragen gegeben, z. B. auch die, ob meine Frau vielleicht noch etwas auf dem Herzen gehabt hätte, es mir zu sagen.

All das habe ich nicht getan. Und auch wenn mir alle in der Familie, im Freundeskreis versichern, dass ich alles richtig gemacht habe, so bleibt in meinem Innersten der Stachel, der bis heute leckt...

• Das gnädige Ende auf der Palliativstation

… Und endlich kurz vor 15 Uhr lagst du in deinem Krankenzimmer und man hatte dir sofort ein Medikament gespritzt und anschließend ein morphinhaltiges Präparat über den Perfusor gegeben und du wurdest ruhiger. Mit dem Oberarzt haben mein ältester Sohn und ich das Vorgehen besprochen. Ich war erleichtert. Du warst wieder ruhiger geworden und ich hatte meine Verantwortung abgeben können. Auf deinem Gesicht habe ich immer wieder mal ein winziges Lächeln erkannt. In den folgenden Tagen wurdest du gut umsorgt. Deine Kinder und Enkelkinder haben dich besucht. Und es war ein Abschied, ohne dass darüber gesprochen wurde.

Wir beide haben in den Tagen nicht viel miteinander geredet. Ich hielt deine Hand und half dir beim Trinken. Die meiste Zeit hast du so vor dich hingedöst. Aber du hattest keine Schmerzen und du hast alles so wundersam ruhig hingenommen. Doch dann kam der Donnerstag. Du warst so unruhig, hast dich hin- und her gewälzt und Blut gespuckt. Ich schlug Alarm und Schwestern und die Stationsärztin haben dich versorgt, gereinigt, dir eine nasale Magensonde gelegt und dir zusätzlich über den Perfusor ein weiteres morphinhaltiges Medikament gegeben. Dieses ließ dich sehr schnell ruhiger werden und die Ärztin meinte zu mir, dass es jetzt wohl keine 24 Stunden mehr bis zum Verlassen der Erde dauern würde. Ich war ganz ruhig, weil ich wusste, dass deine furchtbare Krankheit nicht mehr behandelbar war, dass du von dem Krebs regelrecht „aufgefressen" wurdest und weil ich wusste, dass du hier auf dieser Palliativstation sehr gut versorgt wurdest. Es war mein dringlichster Wunsch, dass du ohne Schmerzen und Atemnot sterben mögest. Ich ließ mir ein Bett ins Zimmer stellen. Am späten Abend kam nochmals unser Schwiegersohn und er hatte für dich gebetet und dich gesegnet. Ich habe mich dann gegen 23.30 Uhr angezogen auf das Bett gelegt und habe dich alle halbe Stunde, wenn du dich freigestrampelt hattest, wieder zugedeckt. Ich habe dich gestreichelt, mit dir gesprochen und ausnahmsweise Gott gebeten, dass er es gnädig mit dir machen möge. Dieses Mal ganz bewusst. Gegen sieben Uhr am 14. 12. 2018 kam die Schwester und meinte, dass sie dich ein wenig frisch machen wolle und dass ich das doch auch tun sollte. Auf meine bange Frage, weil du so tief und geräuschvoll die Luft einsogst, ob du Luftnot hättest, kniete sich die Schwester vor mich hin und meinte, dass du dich anschicktest, nach oben zu gehen, aber ich sollte ruhig nach Hause gehen, um mich frisch zu machen. Ich hatte mit unserer Schwiegertochter verabredet, dass sie an diesem Morgen kommen würde, um mich abzulösen. Ich bin dann gegangen und als ich zu Hause kurz geduscht hatte, rief Kathrin mich an und sagte: „Mama hat es geschafft". Sofort musste ich weinen, es überfiel mich ein tiefer Schmerz und ich ärgerte mich maßlos, gegangen zu sein. Ich weiß, dass manche Menschen nicht sterben können, wenn ihre Lieben zugegen sind. Vielleicht wolltest du mich schonen!? Das hättest du nicht tun

Ich hätte zu gern deine Hand bei deinem letzten Atemzug gehalten. Das hat nun Kathrin getan und das hat mich ein wenig getröstet. Und sie hat mir versichert, dass du bis zum Schluss keine Schmerzen und keine Atemnot hattest. Dafür bin ich unendlich dankbar…"

Ich muss es noch einmal schreiben, weil es mich bis heute sehr belastet. Genau diese letzte Lebensphase, das letzte Aushauchen des Lebens hätte ich gern gemeinsam mit meiner Frau durchlitten. Es ist mir nur ein schwacher Trost zu wissen, was Sterbeforscher beobachtet haben, dass manche Sterbende nicht „gehen" können, weil Angehörige nicht loslassen können. Ich habe beruflich und freiberuflich in Seminaren zum Thema Sterbebegleitung mit dem Wissen der Sterbeforscherin Elisabeth Kübler-Ross gearbeitet. Und natürlich ist mir ein dort nachzulesendes Erleben deutlich in Erinnerung geblieben: Ein zwölfjähriger Junge, der sich anschickte zu sterben, konnte es nicht, weil seine Mutter nicht von seinem Krankenbett wich und offenbar nicht loslassen konnte. Dieser Junge hatte dann seine Mama nach Hause geschickt, um ihm einen Teddy zu holen, den er so vermisste. Diese Mutter kam wenig später mit dem Kuscheltier zurück. Doch ihr Sohn war für immer „eingeschlafen".
Das alles weiß ich, aber: Ich habe losgelassen! Ich habe den nahenden Tod meiner Frau akzeptiert, ganz einfach deshalb, weil ich durch monatelange Begleitung und die vielen Gespräche mit unterschiedlichen Ärzten wusste, dass meine Frau keine Chance hatte und der Tod eine Erlösung für sie bedeutete. Sehr,

sehr gern hätte ich bis zum Schluss ihre Hand gehalten und ihr sehr, sehr gern aus einem Buch (Dougy-Brief – Worte an ein sterbendes Kind – Kübler-Ross – Verlag Silberschnur) von der o. g. Sterbeforscherin vorgelesen, was ich auch bei ihrer sterbenden Mutter vor etlichen Jahren getan habe. Es ging dabei um einen 9jährigen todkranken Jungen, der viele Fragen über den Tod und das Sterben hatte. Hier der Auszug, den ich, wie geschrieben, gern meiner sterbenden Frau vorgelesen hätte:

„...Erst wenn alle Arbeit getan ist, wofür wir auf die Erde kamen, dürfen wir unseren Körper ablegen. Er umschließt die Seele, wie die Puppe den künftigen, schönen Schmetterling. Dann werden wir frei sein von Schmerzen, Angst und allem Kummer – frei sein, wie ein freier, schöner Schmetterling – und dürfen heimkehren zu Gott. Bei ihm werden wir nie mehr allein sein. Dort werden wir weiterleben, werden wachsen, tanzen, spielen und fröhlich sein. Wir werden auch zusammen sein mit allen Menschen, die wir liebten. Dort sind wir von mehr Liebe umgeben, als wir uns je vorstellen können!"

Und ich hätte ihr gern gesagt, dass ich losgelassen habe, dass ich ihr von ganzem Herzen wünsche, in der geistlichen Welt eben wie ein Schmetterling frei und ohne Schmerzen flattern zu können. All das und noch viel mehr hätte ich ihr gewünscht und ich habe es verpasst. Dieses Verpasste lässt mich bis heute nicht los. Um damit zukünftig überhaupt einigermaßen umgehen zu können, habe ich mir selbst eine „Krücke" gebastelt: Vielleicht war es meine Frau, die mich „schonen" wollte, die mir unseren endgültigen Abschied nicht noch schwerer machen wollte. Vielleicht! Ich werde sehen, wie lange diese „Krücke" tragfähig bleibt...

KAPITEL III = Eigenes Erleben: Der Trauerprozess

- **Der Tod meiner Frau und was geschieht mit mir?**

Es kann sein, liebe Leserin, lieber Leser, dass Ihnen das Geschriebene zu intensiv oder gar zu intim erscheint. Das habe ich bewusst einkalkuliert.

Mir ist natürlich klar, dass jedes Verlustgeschehen von jedem Menschen anders erlebt wird. Dabei ist alles vorstellbar. Es mag Menschen geben, die einen Verlust gar nicht betrauern, weil sie vielleicht froh sind, jemanden losgeworden zu sein, der ihnen das Leben zur Hölle gemacht hat.

Andere wiederum akzeptieren einen Verlust als etwas zum Leben Dazugehöriges. Ich erinnere einen Entführungsfall im europäischen Ausland. Der Ehemann sollte für seine entführte Ehefrau mehrere Millionen eines Lösegeldes an die Entführer entrichten. Doch der lehnte das mit den Worten ab: „...wir haben zwanzig schöne Jahre gehabt. Doch jetzt ist Zeit für etwas Neues...".

Es gibt auch Trauernde, die den Verlust des Verlassenseins durch einen (Ehe)partner höher bewerten als seinen Tod, weil sie erleben müssen, dass der gegangene Ex-Partner das Leben mit einer neuen Liebe... usw. usw.

Für mich war das Jahr 2018 das einschneidendste! Ich habe meine Frau verloren! Aus meiner Sicht haben wir unsere Ehe alltagstauglich gestaltet. Als ich das in der Zeit meiner Trauer in verschiedenen Freundeskreisen so äußerte, meinten manche, das höre sich so abwertend an. Man könne daraus schließen, dass wir eine Zweckgemeinschaft gebildet hätten. Nein! Auf keinen Fall! Alltagstauglichkeit bedeutet für mich, dass wir alle alltäglichen Widrigkeiten, Alltagskummer, Alltagsstreit, Alltagsglück gemeistert haben – mal mehr, mal weniger gut. Natürlich haben wir uns auch gestritten, manche nennen das gefetzt. Gut, meinetwegen auch das. Aber: Wir haben uns geliebt und dadurch immer wieder zueinander gefunden. Und nun war sie weg! Für immer! Das zu begreifen, habe ich mich in den ersten Tagen gar nicht erst bemüht. Ich weiß es noch genau: Als meine Schwiegertochter mich von der Palliativstation nach Hause gebracht hatte, habe ich erst einmal geweint. Wie ein Schlosshund! Und als das nicht mehr ging, habe ich den Bestatter angerufen und ihm mein Kommen angekündigt. Auf seinen zarten Hinweis, dass wir das auch gern am Montag regeln könnten, blieb ich hartnäckig und meinte, dass ich dann sicherlich noch genauso traurig wäre wie jetzt. Ich wollte es noch am selben Tag.

Und noch vor dem Termin habe ich überlegt, wer die Trauerfeier in der Kirche halten sollte. Über wen hätte sich meine Frau am meisten gefreut? Und ein kurzes Telefonat mit meiner Schwiegertochter brachte die Initialzündung: Ein guter Freund, der zu unserer Weinreisegruppe gehörte und selbst seelsorgerisch unterwegs ist, der sollte es sein! Ein kurzer Anruf und Rückruf von ihm, nachdem er den Weihnachtsurlaub nach hinten verschoben hatte, dann war auch das perfekt gemacht. Und dann beim Bestatter. Ich wunderte mich selbst über mich, mit welch einer Gelassenheit ich diese Regelungsprozedur überstand, keine Emotionen zurückhalten musste und auch alles für die geplante Seebestattung auf unserer Lieblingsinsel Föhr in Auftrag gab – wie ein Geschäftsmann. Unglaublich! Noch im Beerdigungsinstitut im „stillen" Raum sitzend, erreichte mich ein Anruf eines unserer Söhne in einer anderen Stadt. Wir vereinbarten spontan einen Besuch bei ihm und seiner Familie mit Übernachtung – noch am selben Tag. Ich fuhr noch für eine kurze Umarmung zu meinen anderen Kindern an meinem Wohnort und dann habe ich den Todestag meiner Frau in der Familie unseres anderen Sohnes verbracht. Reden! Reden! Weinen! Und Rotwein! Ich meine, allein eine Flasche geleert zu haben…

In den Folgetagen habe ich nur agiert: Einladungen verschickt, ausgesprochen, meine Wohnung zurückgebaut – für meine Frau hatte ich alles so eingerichtet, dass es palliativtauglich genutzt werden konnte –, weitergehende Regelungen getroffen.

Trauern? Fehlanzeige! Ob bewusst oder unbewusst: Dafür hatte ich keine Zeit. Ich wollte sie auch gar nicht haben, diese Zeit. Ablenkung durch Handeln war meine Devise. Und sie funktionierte. Über den Schlaf bzw. das Schlafdefizit möchte ich nichts schreiben. Irgendwie kam ich über die Runden.

In der nächsten Zeit erreichten mich viele Beileidsbekundungen – die meisten schriftlich. Und darüber werde ich an anderer Stelle noch etwas schreiben.

Jetzt galt es, eine andere Herausforderung anzunehmen, denn es näherte sich der Tag, von dem ich mir gewünscht hätte, er läge längst hinter mir: Der Tag, an dem die kirchliche Aussegnung stattfinden sollte…

- **Der Trauergottesdienst zwei Tage vor Weihnachten – und was ist danach?**

Ich saß im Sessel und sinnierte. Weinen konnte ich nicht. Noch nicht. Ich malte mir in meiner Fantasie die schrecklichsten Szenen aus, die mich während der Abschiedsfeier ereilen könnten. Ich sah mich vor dem Altar zusammenbrechen, in Tränen ausbrechen, geschüttelt werden von Weinkrämpfen usw. Ich hörte den mir befreundeten Seelsorger warme Worte über meine Frau sprechen, die wiederum starke Emotionen in mir auslösten. Mir stellten sich immer wiederkehrende Fragen: Würde ich das alles aushalten können? Was würde passieren, wenn ich zusammenbreche? Wäre es nicht besser, ich würde allem fernbleiben? Würde ich auf Verständnis bei der Trauergemeinde stoßen?

In diesen Tagen und Stunden waren enge Freundinnen meiner Frau um mich, denen ich natürlich nichts von meinen seelischen Nöten erzählte, sondern nach außen die Fassade eines gefasst traurigen Ehemannes zur Schau trug. Einen Tag vor diesem Ereignis kam mein befreundeter Seelsorger mit seiner Frau und wir besprachen ein paar grobe Anhaltspunkte für die Beerdigungszeremonie. Und in diesem Gespräch wurden mir wieder sehr deutlich die Eckpfeiler unserer Ehe bewusst: Alles Schöne, Herrliche, aber auch manches Schwere, Belastende. Alles zusammen machte unsere alltagstaugliche Ehe aus. Und das ehrenamtliche Engagement in unserer Kirchengemeinde. Meine Frau hatte über viele, viele Jahre als gelernte Kindergärtnerin mit den Kindern in der Sonntagsschule gearbeitet und dabei nach meinen Eindrücken viele gute Spuren hinterlassen. Und genau diese Spuren waren es, die in dem Trauergottesdienst sichtbar wurden und die bei mir bis heute starke Gefühle erzeugen: Die Kirche war nicht nur gut gefüllt. Ich glaube nicht zu übertreiben, wenn ich schreibe, dass sie bis auf den letzten Platz besetzt war. Und der Kinderchor mit seiner Dirigentin sang für meine Frau vor dem Altar ein sehr berührendes Kinderlied. Ich selbst habe alles nur wie durch einen Schleier erlebt und deshalb Haltung bewahren können, trotz manch ergreifender Gedanken des Seelsorgers und trotz des Gesangsbeitrags unseres Schwiegerenkels, einem professionellen Tenor. Ich bin nicht umgekippt, nicht in Tränen ausgebrochen, musste nicht gestützt werden.

Mit gleicher Sicherheit und Gefasstheit brachte ich den Nachklang in einem würdigen Raum im Beerdigungsinstitut mit der Familie und guten Freunden hinter mich. Ich habe es bisher niemandem erzählt, aber jetzt kann ich es ja schreiben: Ich gebe unumwunden zu, dass ich eine von meinem Hausarzt überlassene Tablette eingenommen hatte, die für mich wie ein Wunder Wirkung entfaltet hatte…

Aber dann am Abend, als ich allein in meinem Wohnzimmer saß und die unheimliche Stille mich umhüllte, da brach alles aus mir heraus. Der ganze Schmerz, er musste einfach raus! Ich glaube, dass meine Nachbarn davon etwas „abbekommen" haben müssen, aber das war mir völlig gleichgültig. Ich jedenfalls konnte danach die Nacht einigermaßen überstehen und für ein paar Stunden abschalten, auch wenn ich mich noch vor dem Einschlafen fragte: Wie soll ich nur Weihnachten überleben?

Advent! Weihnachten! Für mich gab es das nicht. Kein Adventsgesteck, kein Weihnachtsbaum, kein Weihnachtsschmuck! Keine Lichter zierten meine Wohnung oder eine Lichterkette auf meinen Balkon. Nichts! Mein Herz verkrampfte sich, wenn ich auch nur daran dachte, wie liebevoll und detailreich meine Frau die Weihnachtszeit dekoriert hatte, jedes Jahr aufs Neue. Doch 2018? Nichts!
Im Vorfeld hatte ich mit meiner Familie abgesprochen, wie und wo ich an den Weihnachtstagen eingeladen war. Zum Glück waren die beiden besten Freundinnen meiner Frau in meinem Wohnort geblieben, so dass ich in den Pausen zwischen meinen Familienbesuchen stets Gelegenheit hatte, mich mit ihnen auszutauschen und gemeinsame Malzeiten einzunehmen. Aber ich hatte es damals sehr geschätzt, dass ich mich zwischendurch immer wieder in meine Wohnung zurückziehen konnte, um meinen Gedanken nachhängen und meine Emotionen fast „ungebremst" ausleben zu können. Klar, ich hatte die Familienbesuche bei meinen Kindern, Enkelkindern und sogar schon Urenkeln sehr geschätzt, aber mir war doch sehr bewusst, dass auch sie traurig waren und dass jeder mit seinen Gefühlen kontrolliert umging und dass diese Orte für mich nicht Orte der Trauer waren. Gerade weil es Weihnachten war. Und die Enkelkinder und Urenkel ihre Geschenke

auspackten und sich ihre Freude in ihren Augen wider-
spiegelte.

Nein, ich wusste, dass meine Trauerzeit noch kommen
würde. Dann, wenn Silvester, das ich nur bis 20 Uhr
mit den Freundinnen gemeinsam verbracht hatte, vorbei und das neue Jahr eingeläutet war und alle wieder
ihrer Arbeit nachgehen würden, dann wäre meine Zeit
gekommen. Und darauf wollte ich vorbereitet sein.

- **Ich will die Trauer bewusst und „gesund" erleben – geht das?**

Konnte ich das überhaupt: vorbereitet sein auf die mich zurollende Trauerzeit? Als im neuen Jahr 2019 der Alltag wieder begann, die Schule für die Enkelkinder, die Kita für die Urenkel, die Arbeit für meine Kinder, da begann für mich: gar nichts! Ich war allein! Mutterseelenallein! Natürlich, ich hatte genügend zu tun. Die Hausarbeit. Ich gehöre noch zu der Generation, in der Männer in der Ehegemeinschaft diesem Teil des Miteinanders nicht die oberste Priorität eingeräumt hatten. Es war für mich selbstverständlich, die schweren Arbeiten zu erledigen bzw. anzubieten. Also: saugen konnte ich, aber auch das hatte meine verstorbene Frau oft selbst übernommen (ich glaube, ich erledigte diese Aufgabe für sie nicht gut genug) und so ließ ich sie machen, wie alle anderen Putzdienste in der Wohnung auch: Staubwischen, Badreinigung und das Waschen! Und nun musste ich ran! Das habe ich getan, sicherlich eher schlecht als recht, aber ich habe es getan, anfänglich mit Hilfe meiner Schwiegertochter, die mir gesagt hatte, für welche Wäsche ich welches Waschpulver und welchen Waschgang zu wählen hatte und für welche Wäsche der Trockner geeignet war und für welche nicht. Das Bügeln meiner Hemden hatte ich schon während der Erkrankung meiner Frau üben und perfektionieren können. Ich habe also den Schritt in die für mich so lästige Hausarbeit getan, habe ihn tun müssen, wenn ich nicht verwahrlosen wollte. Und das wollte ich in keinem Fall. Ich wusste aus meiner beruflichen Tätigkeit, dass vor allem Männer sich nach dem Verlust der Partnerin gehen ließen und dabei sich und ihr Zuhause vernachlässigten, um es milde auszudrücken. Natürlich längst nicht jeder, aber es gab sie.

Diese Hausarbeit war im doppelten Sinne gut für mich, da sie mich einerseits ablenkte, ablenkte von trüben und grübelnden Gedanken und andererseits den Trauerprozess bewusst anstieß. Ich weiß nicht, ob es mir gelingt, Ihnen, liebe Leserin, lieber Leser, zu vermitteln, was ich damit genau meine. Bei meiner Hausmannstätigkeit kam ich immer wieder, sozusagen pausenlos, mit Gegenständen in Berührung, die meine Frau angefasst hatte. Ich wurde an Situationen erinnert, in der sie mir stets erklärte, wie ich in unserer Wohnung dieses oder jenes zu tun hatte, ich sah ihre Kleidung im Schrank, ich sah ihre Schuhe in der Kammer, wenn ich meine putzte, ich hantierte mit dem Staubsauger, den sie meistens bedient hatte usw. Und dann kam sie, die Welle der Trauer, mal heftig überfallartig, mal sich langsam andeutend. Aber gleichgültig wie, ich ließ sie kommen und gab mich ihr hin – ganz bewusst. Und wenn alle Tränen versiegt waren, dann machte ich einfach weiter, sozusagen bis zum nächsten „Schub". Und das war es, was ich zur Trauerarbeit gelernt und dann weitergegeben hatte: Zulassen! Zulassen! Nicht verdrängen! Nicht sich zusammenreißen! Auf diese Weise glaubte ich, den Prozess „gesund" überstehen
zu können bzw. „gesund" wieder aus ihm herauszukommen.

Auch etwas anderes möchte ich nicht verschweigen und die Gedanken daran lassen mich schmunzeln. Ich habe zu Lebzeiten meiner Frau gelegentlich kritisiert, dass sie es in einigen Bereichen der Hausarbeit übertreibe, so zum Beispiel beim Reinigen der Kabine nach dem Duschen. Ich war der Meinung, dass ein Reinigen nach jedem zweiten Duschgang ausreichend sei. Und heute? Heute ertappe ich mich dabei, dass ich die Kabine nach jedem Duschgang säubere...

In einem Bereich, den ich noch gar nicht berührt habe, da habe ich den Verlustschmerz sehr, sehr deutlich verspürt: die Essenszubereitung! Meine Frau war eine hervorragende Köchin. Ihre Koch- und Backkunst war von allen bewundert worden – von den Kindern, der Familie und den Freunden. Und nun stand ich da. Ich konnte nicht kochen! Ich habe nie gekocht! Und ich werde in meinem Leben nicht kochen! Vor allem den letzten Satz habe ich allen sehr laut entgegengebracht, die keine Anstrengung unterließen, mich für die Kochkunst begeistern zu wollen. Nicht mit mir! Ich stellte meine Ernährung um, musste nichts Warmes zu mir nehmen, wenn, dann vom Schlachter auf dem Markt gekaufte Suppen oder am Fischstand erworbene Bratheringe. Und dann saß ich da – allein in der Küche an dem kleinen Zweierecktisch und löffelte meine Suppe oder aß mein Müsli. Und das war der Schmerz! Allein! Manchmal reicherten meine Tränen die Suppe an...

Ja, dieser für mich so brutale Veränderungsprozess schüttelte mich ordentlich durch. So langsam begriff ich: Ich war allein. Doch alles, was ich in der Wohnung sah, anfasste, überdachte, rief Erinnerungen wach. Doch ich wollte diese Zeit gesund er- und durchleben. Ich gab meinem Tag Struktur. Die Schlafenszeit begrenzte ich bewusst nicht. Der Schlaf war ohnehin nicht fest und durchgehend. Also agierte ich flexibel. Wenn ich mich abends sehr spät zum Schlafen hinlegte, dann überließ ich das Aufstehen der Schlafintensität – mal gegen sieben, mal gegen neun Uhr oder irgendwo dazwischen. Aber dann wollte ich nicht einfach plan- und ziellos den Tag durchleben. Täglich habe ich mein Ergometer bedient, einen schnellen Spaziergang unternommen, bewusst Zeitung/Zeitschriften gelesen, Trivialliteratur nicht verschmäht und allmählich, aber auch wirklich ganz allmählich Grundlagen für die Entwicklung eines neuen Kriminalromans gelegt. Ich bin Gott wirklich dankbar, dass ich Lust auf Lesen hatte – von Anfang an. Das ist längst keine Selbstverständlichkeit. Und sie kommt mir auch heute noch zugute – im Frühjahr 2020 in der Corona-Virus-Zeit. Und ich bin ebenso dankbar, dass meine Lust am Schreiben nicht gänzlich verschüttet war. Ich nährte dieses zarte Pflänzchen – Tag für Tag, Woche für Woche, Monat für Monat. Und dann nach etwa vier Monaten flossen die ersten Zeilen auf der Tastatur meines PCs...

Ich bin heute überzeugt, dass diese Struktur mir sehr geholfen hat, diese so notwendige Trauerzeit gesund zu überstehen. Warum notwendige Trauerzeit? Sie ist für den Menschen notwendig, der einen Verlustschmerz in sich trägt und nach einer Zeit, die unterschiedlich lang ausfallen kann, wieder leben, Visionen entwickeln und Teil der ihn umgebenden Gesellschaft sein möchte. Und derjenige, der diese Trauer annehmen, sie ausleben kann, hat die reelle Chance, gesund die Teilhabe am Leben zu erreichen.

Eines hat mich in den ersten Tagen und Wochen sehr belastet und ich muss zugeben, dass das immer noch der Fall ist: Ich hatte am Anfang geschrieben, dass unsere Ehe alltagstauglich war. Das beinhaltete auch, dass wir uns gestritten haben, immer mal wieder. Und ich hatte es auch schon erwähnt: Nicht immer hatte ich recht und nicht immer habe ich die richtigen Worte gewählt und nicht immer habe ich mich gegenüber meiner Frau verbal „anständig" verhalten. Und das treibt mich um. Bis heute! Und ich kann es nicht mehr gut machen! Ich kann sie nicht mehr um Verzeihung bitten! Ich kann sie nicht mehr in den Arm nehmen! Selbst jetzt beim Schreiben dieser Zeilen sind sie wieder da – die Tränen…

Vielleicht ist Lesern aufgefallen, dass ich noch gar nichts von meiner Familie geschrieben habe, wie sie mich unterstützt hat. Darauf werde ich noch näher eingehen.

Doch zunächst muss ich über etwas schreiben, was mir den endgültigen Abschied nochmals sehr schmerzhaft vor Augen führte.

- **Mitten in der Trauer: Das Erleben der Seebestattung – welch ein Gefühlschaos**

Bereits am Todestag meiner Frau hatte ich mit dem Beerdigungsunternehmer die Seebestattung für den 9. März 2019 vereinbart und nicht irgendwo, nein, in der Nordsee in der Nähe unserer Lieblingsinsel Föhr. Warum? Wir haben dort eine Ferienwohnung, die gern von der Familie immer wieder mal als „Oase" genutzt wird. Meine Frau hatte dort vor vielen Jahrzehnten in einem Kinderheim als Kindergärtnerin gearbeitet und sie war es, die mir die Insel so schmackhaft gemacht hatte, so dass es zu dem Kauf dieser Ferienwohnung gekommen war. Wir liebten diese Insel und meine Frau war eine „Wasserratte", die sehr gern am Südstrand bei Ebbe hinaus an die Fähr-Fahrrinne lief und dann dort schwamm – manchmal sogar unbekleidet, weil niemand anderes in der Nähe war. Und ich? Ich badete nicht gern und bewachte ihren Freizeitsport. Und genau dort in diesem Gewässer – zwischen Föhr und Amrum – sollte die feierliche Übergabe der Urne an die See stattfinden. Erwähnen möchte ich noch, dass wir niemals konkret darüber gesprochen haben, ob und wo meine Frau bestattet werden möchte. Alle Vorbereitungen im Todesfall hatten wir für mich getroffen, denn ich war ein Mann und sechs Jahre älter. Also statistisch gesehen… Und nun war es andersherum gekommen. Meine Frau hatte zu meinen Plänen uneingeschränkt ja gesagt und deshalb war ich mir sicher, dass sie mit meinen Plänen auch sehr einverstanden gewesen wäre.

Ich selbst hatte mich vor dem Termin für die Seebestattung nur zweimal nach Föhr „gewagt", einmal mit einem Teil meiner Familie und danach einmal allein. Das war für mich eine besonders schwere Zeit gewesen. Alles, aber auch wirklich alles, was ich in der Ferienwohnung sah, anfasste, weckte schmerzhafte Erinnerungen. Meine Frau hatte alles mit so viel Liebe zum Detail eingerichtet und die Wohnung gepflegt. Und immer, wenn ich an/auf einem Gegenstand eine Beschriftung von ihr las, dann überkam mich ein Schwall von Trauer, der mich auch heute noch erreicht – wenn auch in abgeschwächter Form. Und das Alleinsein in der Wohnung! Es war schwer für mich auszuhalten. Doch ich stellte mich dieser Tortur. Bei meinen Spaziergängen am Strand, bei den Radwanderungen glaubte ich, Abstand zu finden. Aber weit gefehlt! Auch hier holten mich die Erinnerungen derart heftig ein, dass ich andere Touristen durch meinen Tränenschleier kaum erkennen konnte.

Ich sah deshalb der Seebestattungszeremonie mit großer Sorge entgegen. Und der 9. März war ein stürmischer Tag. Windstärke 8-9. Doch der Kapitän sah keinen Grund, die Fahrt abzusagen. Und so trafen wir uns alle am Kai – alle meine Kinder und Enkelkinder und ein pensionierter Seelsorger aus unserer Kirche mit dessen Tochter. Dieser Freund hatte vor etlichen Jahren seine Frau verloren. Er sollte das Gebet sprechen. Ich selbst war von der Insel Föhr mit der Fähre nach Dagebüll gefahren, nicht allein, sondern mit meinem Cousin, dessen Frau vor gut zwei Jahren gestorben war. Das hatte ich zu meiner emotionalen

Sicherheit so geplant. Ich wollte davor und danach nicht allein sein. Und das war gut so. Die feierliche Zeremonie war meiner verstorbenen Frau sehr angemessen und ich war über mich selbst erstaunt, wie gefasst ich alles überstand. Bis, ja bis ich mit meinem Freund wieder zurück in der Ferienwohnung war und dort im Schlafzimmer emotional regelrecht zusammenbrach – allein. Nicht lange, aber heftig. Und ich sprach mit meiner Frau und fragte sie, ob sie zufrieden gewesen sei, was wir als Familie an ihrem Lieblingsplatz in der Nähe der Boje 32 für sie feierlich begangen hätten. Und vielleicht sei es ihr ja trotz des starken Windes gelungen, als Schmetterling unsere Zeremonie mitzuerleben...

- **Mein Glaube – hat er sich verändert?**

Diese Frage habe ich mir zwischenzeitlich einige Male gestellt. Und ich wurde auch von verschiedenen Freunden, Bekannten danach gefragt.

Zur Beantwortung versuche mich in einer Erklärung. An anderer Stelle habe ich schon deutlich gemacht, dass mir der Glaube in der Begleitung meiner sterbenskranken Frau keine Kraftquelle gewesen ist, sondern einzig und allein meine Liebe zu ihr. Ich war und bin selbst erstaunt über mich, dass ich das so schlank formulieren kann und dass ich gar keine Angst habe, so zu denken und zu fühlen. Ich war in der Vergangenheit eher derjenige, der stets große Angst vor eigenen schweren Erkrankungen und in meiner Familie hatte, insbesondere nach meinem gesundheitlichen Einbruch ums Herz herum, als ich gerade mal 40 Jahre alt war. Und seit der Zeit habe ich Gott immer wieder in den Ohren gelegen, uns zu verschonen. Aus meiner heutigen Sicht eine zu kindlich gläubige Handlungsweise. Ich habe auch schon erwähnt, dass es für mich triftige Gründe gab, Gott wegen der Erkrankung meiner Frau nicht in die Pflicht zu nehmen und ihn deshalb zu bitten, das drohende Unheil abzuwenden. Nein! Nein und nochmals nein! Er hat damit gar nichts zu tun. Punkt! Und gerade deshalb habe ich heute zu ihm ein ungestörtes Verhältnis – ohne Gram und ohne Verbitterung. Ich bin in meinem Glauben ein großes Stück freier geworden – nicht so eingeengt und in irgendwelche Formen gepresst. Ich bete, wenn ich sozusagen „Lust" darauf verspüre. Wie ich auch bereits in einem anderen Kapitel geschrieben hatte: Ich bitte ihn um nichts mehr – mit einer Ausnahme: Immer, wenn ich bete, dann bitte ich ihn, auf meine Frau aufzupassen und ihr die Schmetterlingsflügel zu verleihen bzw. diese zu stärken, damit sie nicht abstürzt.

Ansonsten danke ich ausschließlich für den Tag, den ich durchlebt habe – mit allem, was dazu gehört.

Unlängst habe ich in dem Freitags-Magazin in der Süddeutschen Zeitung einen Artikel eines Journalisten gelesen, der für sich selbst der Frage nachgegangen war, ob er beten könne, ohne an Gott zu glauben. Eine interessante Fragestellung, wie ich fand. Im Ergebnis war er zu einem Ja gekommen und sein abendliches Gebet erschien mir sehr alltagstauglich. Ich bin ein tradierter Christ und glaube an die Allmacht Gottes und erlebe es als bereichernd, mit jemandem sprechen zu können, der zuzuhören scheint und mir zumindest nicht widerspricht. Ich glaube, dass er meine Tränen, mein Geschluchze in meiner Trauer besser aushalten kann als irgendein mitfühlender Mensch um mich herum.

Ganz anders denke und fühle ich, wenn ich meinen Glauben mit der Institution Kirche zusammenbringen möchte. Das gelingt mir derzeit nicht. Ich möchte niemanden in meiner Kirche bewusst angreifen, diskreditieren oder sonst wie verletzen. Allerdings komme ich nicht umhin, eine Einordnung vorzunehmen. Hierzu zählt auch meine Haltung zu meiner Glaubensrichtung. In den letzten zwei Jahrzehnten wuchs ich zu einem kritischen Geist heran, wenn ich an das Verhalten manch geistlicher Führer und an die sukzessiven Veränderungen der Kirchenlehre zurückdenke. Und da ich zu den Menschen gehöre, die manchmal gefragt, aber auch gern ungefragt, konstruktive Kritik geübt haben und dafür nicht mit Lorbeeren überschüttet wurde, war ich im deutschsprachigen Raum, aber auch in meiner Heimatgemeinde nicht unbedingt der beliebteste Bruder im Glauben – im Gegensatz zu meiner verstorbenen Frau. Aber dennoch kann ich von mir sagen, dass ich für einige Gemeindemitglieder in schwierigen Situationen ansprechbar war.

Was hat das jetzt mit meiner Trauerzeit zu tun?, wird sich der eine oder andere fragen. Für mich sehr viel und sehr bedeutsam! Warum? Nach einer ersten Abschottung in den ersten Tagen und Wochen nach dem Tod meiner Frau keimten in mir die ersten Sprossen eines Wunsches nach einem Gespräch mit jemandem aus meiner Gemeinde, mit Menschen, die mich kannten und auch als Seelsorger unterwegs waren. Diese geheimen Wünsche wuchsen zu einer Sehnsucht heran. Doch diese wurde nicht gestillt. Nie hatte ich geglaubt, überhaupt solche Wünsche entwickeln zu können. Niemals! Mein Abstand war doch ziemlich groß geworden. Und dennoch glaubte ich, dass irgendein Mitglied der örtlichen Gemeinde oder ein Seelsorger zum Telefon greifen und mich vielleicht zu einer Tasse Kaffee einladen würde. Dass irgendjemand das in die Tat umsetzen würde, was sonntäglich gepredigt wurde, die Nächstenliebe, sich um die zu kümmern, denen es im Moment nicht so gut ging. Und dazu zählte ich mich. Nochmals: Ich habe mich über mich selbst gewundert, solche Gedanken und Wünsche zu entwickeln. Aber ich war zuvor auch noch nicht in solch einer Ausnahmesituation gewesen. Gewiss, ich war nach der Trauerfeier für meine Frau im Dezember 2018 höchstens dreimal im örtlichen Gottesdienst gewesen. Ich hatte ausprobieren wollen, ob mich zum einen die Rituale in dem Gottesdienst und zum anderen der Predigtinhalt innerlich ansprechen bzw. erreichen würden. Und obwohl ich beides nicht erlebt hatte, entstanden in mir diese Wünsche. Dabei hatte ich vor allem Menschen im Auge, zu denen wir vor vielen Jahren ein freundschaftliches Verhältnis hatten – doch so gut wie niemand interessierte sich offensichtlich für meine Trauer. Das machte mich zusätzlich traurig und ich zog mich noch weiter zurück. Einschieben möchte ich der Vollständigkeit halber, dass mein zuständiger Seelsorger ca. einen Monat nach der Trauerfeier einen seelsorgerischen Hausbesuch bei mir gemacht hatte und wir so verblieben waren, dass er sich melden könne, wenn ich ihm einfiel und andersherum ich mich bemerkbar machen würde, wenn ich Bedarf hätte. Dieser Seelsorger hatte mich dann nach ca. einem halben Jahr zu einem Gottesdienst eingeladen und ebenso zur Weihnachtsandacht. Erhofft hatte ich, dass er mir einen Seelsorgebesuch angeboten hätte. Als komisch habe ich für mich erlebt, dass ich von mir aus nicht die Initiative ergriffen habe. Ich halte das für bemerkenswert, weil ich ansonsten grundsätzlich die Haltung vertrete, dass eine Beziehung von der gegenseitigen Initiative lebt. Aber in meiner Trauerzeit habe ich das völlig anders erlebt und bitte Sie, liebe Leserin, lieber Leser, um Verständnis für den Fall, dass Sie mein damaliges Nichthandeln als befremdlich erleben. Zwischenzeitlich hat sich einiges in mir verändert und es gab vor einigen Wochen eine zufällige Begegnung mit Gemeindemitgliedern, mit denen wir früher sehr eng verbunden waren. Und ich hatte mir vorgenommen, proaktiv zu werden, doch das brauchte ich gar nicht. Sie selbst sprachen die „schönen Zeiten" von früher an und wir vereinbarten ein Anknüpfen an diese – allerdings nach „Corona"! Derart gerührt steuerte ich beschwingt und mit Tränen in den Augen mein Zuhause an…

Soweit zu meinen Gedanken zu meinem Glauben und der kirchlichen Organisation. Ich weiß nicht genau, wie es mit mir weiter geht, aber ich habe bis jetzt zwei Erkenntnisse gewonnen:

1. Nichts ist in Stein gemeißelt und
2. nicht erfüllte Erwartungshaltungen sind nicht unbedingt geeignet, den Trauerprozess gesund zu gestalten, wie es auch in den folgenden Gedanken deutlich nachzulesen ist.

- **Welche Erwartungen habe ich an meine Umwelt? Erreichen mich alle Beileidsbekundungen?**

Das ist ein ganz schwieriges Kapitel – wie auch das nachfolgende. Einerseits möchte ich mit meinen Zeilen niemanden verletzen, niemandem zu nahetreten. Doch andererseits ist es unerlässlich, das in Worte zu kleiden, was ich in meiner Trauerzeit erlebt, empfunden und eben auch nicht erlebt und empfunden habe. Warum? Weil ich möchte, dass Menschen, die dieses Buch lesen sollten, erfahren können, was ein Trauernder eventuell benötigt, um gut aus der Trauer herauszukommen. Es könnten für jemanden, der Trauernde begleitet, ein paar wenige hilfreiche Handlungsanleitungen dabei sein. Dabei habe ich selbstverständlich berücksichtigt, dass jeder Mensch unterschiedlich trauert – unterschiedlich lang und unterschiedlich intensiv. Und dennoch glaube ich, dass es einige allgemeingültige Empfehlungen geben kann, die jedem Trauernden eine Hilfe sein können.

Bevor ich darauf näher eingehe, noch einige Gedanken zu den Beileidsbekundungen, die mich erreichten - die meisten schriftlich. Und darüber muss ich etwas schreiben, weil diese Bekundungen das Einläuten des Trauerprozesses für mich bedeuteten. Noch nie zuvor hatten mich geäußerte Mitgefühle so unterschiedlich innerlich erreicht oder eben auch nicht erreicht. Es gab standardisierte Aussagen, die ich unbeeindruckt beiseitelegte; es fanden sich handschriftliche – manchmal mit zittriger Hand geschrieben – die mich unwillkürlich weinen ließen.

Nicht verschweigen möchte ich auch einige offizielle seel-sorgerische Beileidsschreiben, die mich innerlich gar nicht erreichten. Ich gebe zu, mich darüber erschrocken zu haben, weil ich in der tiefen Vergangenheit eine Zeit erlebt habe, in der mich solche seelsorgerischen Gedanken hätten trösten können. Meine ich zumindest. Mit einigem Abstand habe ich mir alle – es waren an die hundert Schreiben – noch einmal durchgelesen, bin aber zu keinem wesentlich anderen Ergebnis gelangt. Das mag niemanden verletzen. Sicherlich wird jeder Mensch auch das anders bewerten.

Gut getan haben mir damals und auch noch heute solche Beileidsbekundungen, in denen meine verstorbene Frau situativ beschrieben wurde, wie sie erlebt wurde, in der Schule, im Kindergottesdienst, in der Gemeinde, aber auch in der Nachbarschaft. Unser Vermieter zum Beispiel hatte es u. a. so formuliert: *„Der gute Geist hat unser Haus verlassen...".*
In der ersten Zeit nach dem Tod meiner Frau wollte ich nur noch meine Ruhe haben. Wie auch bereits beschrieben, fühlte ich mich durch manche Versuche, mich zu erreichen, mir nahe zu sein, fast bedrängt. Ich weiß, dass alle es gut gemeint haben, doch wie der Spruch „Das Gegenteil von gut ist gut gemeint" es schon ausdrückt: Eine Fürsorge im Übermaße ist einem Trauernden manchmal nicht hilfreich. Ich will nicht bestreiten, dass es Trauernde gibt, die gar nicht genug Fürsorge bekommen können, aber nicht wenige schotten sich erst einmal ab – so auch ich.
Eines allerdings wollte ich bei meinen wenigen Kon-

takten mit der Außenwelt nicht: Meine Trauer zur Schau tragen. Bei diesem Satz erinnere ich mich an meine Mutter, die nach dem Tod ihres Mannes sehr oft und sehr lange eine Leidensmine in der Öffentlichkeit und bei Besuchen zeigte. Damals hatte ich mir geschworen, so etwas nicht zu tun. Ich wollte kein Mitleid erheischen. Aber etwas habe ich bei mir doch festgestellt: Ich ertappte mich, wenn ich in meiner ersten Trauerzeit einkaufen ging und dabei sehr ernst war und mir das Geplapper der anderen umstehenden Einkaufenden unangenehm war, dass ich bei mir dann dachte, dass die Menschen doch sehen müssten, dass ich ein Trauernder war. Meistens habe ich mich dann an Ort und Stelle selbst zur Ordnung gerufen und mich als töricht beschimpft. Aber so war es eben manchmal. Im Laufe der Zeit hat sich das natürlich verändert. Natürlich deshalb, weil die Zeit in einer gesunden Trauer eine große Rolle einnimmt und so manche Trauerwunde heilt.

Eine Erwartungshaltung allerdings hatte ich, wenn mich in meinem Umfeld Bekannte, Kollegen, Nachbarn ansprachen: Ich habe sie gefragt, ob sie einen Moment Zeit hätten, dann würde ich ihnen sehr gern sagen, wie es in mir aussieht. Und wenn sie zustimmten, dann „legte ich los". Ich ließ dann das ganze Schicksalsjahr 2018 ablaufen. Dabei hatte die deutliche Mehrheit derjenigen, die mich angesprochen hatten, ein großes Herz und viel Geduld. Und ich brauchte das damals. Ich merkte es selbst, konnte mich aber nicht bremsen, weil es aus mir herausmusste. Wahrscheinlich kennt der eine oder andere von Ihnen den Spruch, „sich etwas von der Seele reden oder schreiben…". So war es mir ergangen – ziemlich lange. Ich glaube nicht zu übertreiben, dass ich dieses tiefe Bedürfnis nach Mitteilung mindestens ein halbes Jahr verspürte, wenn nicht länger. Auch an dieser Stelle großes Lob und ein herzliches Dankeschön für alle, die mir zugehört haben.

In diesem Zusammenhang möchte ich bereits in diesem Kapitel darauf eingehen, wie unterschiedlich ich das Ansprechen in der ersten Trauerphase erlebt habe. Reichlich genervt hat mich in den ersten Wochen und Monaten die einfache Frage „Wie geht es dir?" Ich kann mich noch genau erinnern, dass ein Bekannter mich genauso ansprach, aber seinen „Fehler" sogleich erkannt und korrigiert hatte. Da habe ich leicht lächeln müssen und mich bei ihm bedankt. Wie soll es einem Trauernden wohl gehen? Wie geschrieben habe ich in meinem Beruf, freiberuflich und auch ehrenamtlich viel zum Thema Trauer und auch zum richtigen Ansprechen gelesen. Und auch als Trainer habe ich diese banal klingende Frage einem Trauernden gegenüber als nicht hilfreich thematisiert – ohne wirklich schon einmal tief traurig gewesen zu sein.

Und jetzt? Jetzt spürte ich deutlich die innere Abneigung, auf diese Frage mein Innerstes zu öffnen. Nur aus Höflichkeit habe ich dann geantwortet: „Es geht." Mehr nicht. Und das Gegenüber hatte dann auch nicht weiter nachgefragt. Ich weiß, ich weiß. Es ist wirklich nicht einfach, einem Trauernden angemessen zu begegnen. Und es gibt nicht den goldenen Satz oder die goldene Frage, die das traurige Herz des Gegenübers öffnet. Ich habe mich immer dann angesprochen gefühlt, wenn jemand, den ich gar nicht so gut kannte, mich fragte, ob er mich kurz umarmen könnte, weil ihm die richtigen Worte nicht einfielen. Da öffnete sich mein Innerstes fast automatisch. Selbst die Aussage „Ich frage gar nicht erst, wie es dir geht…" erreichte mich eher. Sehr gut getan hatte mir auch, wenn jemand meine Hand hielt oder mich an den Oberarm fasste und dann nur leise fragte, ob er etwas für mich tun könne, ob mir ein Telefonat guttun, ein gemeinsamer Spaziergang Ablenkung verschaffen würde usw. usw.

Ich glaube, Sie merken längst, lieber Leserin, lieber Leser, worauf ich hinauswill: Jede mitfühlende Geste, jede offene Frage, ob es irgendetwas gäbe, was mir helfen könnte, meine Trauer gesund zu erleben, ist eher geeignet als die Frage, wie es mir ginge. Ein befreundeter Seelsorger hatte mir erzählt, in einem Trauerseminar gelernt zu haben, die Frage zu stellen „Wie geht es dir heute?" Bei allem Respekt. Auch dieser Versuch, jemandem nahe zu sein, würde bei mir den Impuls auslösen zu antworten: Genau so schlecht wie gestern. Der allgemeinen Erfahrung folgend, dass eine gesunde Trauer sich verändert und wieder Lebensimpulse zulässt, kann ich schreiben, dass sich mein innerster Wunsch, mit situativ passenden Fragen und Gesten abgeholt zu werden, natürlich mit der Zeit verändert hat. Bereits nach einem halben Jahr konnte mich jeder „ungestraft" fragen, wie es mir ginge. Ich habe an mir die Veränderungsprozesse staunend zur

Kenntnis genommen – Tag für Tag, Woche für Woche und Monat für Monat. Doch bevor ich darauf näher eingehe, muss ich ein Kapitel aufschlagen, welches mir schon jetzt gedanklich Kopfschmerzen bereitet…

- **Meine Erwartungen gegenüber Freunden und der Familie – darf ich sie haben?**

Es ist wirklich so! Ich habe lange überlegt, ob ich dieses Kapitel überhaupt aufschlagen soll, mich dann aber doch entschieden, es zu tun. Warum? Sie haben sicherlich am Anfang dieses Buches die Aussage gelesen, dass in einem Trauergeschehen der Familie und guten Freunden eine besondere Bedeutung zugemessen wird. Und genau das habe ich in meinen ersten Trauerwochen und Monaten sehr deutlich verspürt. Nach der ersten Abschottungsphase, so etwa nach drei bis vier Wochen entwickelte ich innerlich den Wunsch, von meinen Kindern, ja, auch von meinen Enkelkindern und guten Freunden kontaktiert zu werden. Ja, manchmal wartete ich sogar sehnsüchtig darauf. Das war ein Gefühl, das sich nie zuvor in mir geregt hatte. Zu Lebzeiten meiner Frau haben sie und ich uns gelegentlich über die Kontakte zu unseren Kindern ausgetauscht. Sie waren sehr unterschiedlich ausgeprägt. Wir haben uns dann gefragt: Hat dies auch etwas mit uns zu tun? Hätten wir auch dazu beitragen können, die Beziehungsnähe wieder ein wenig intensiver zu gestalten? Die Antwort war meistens ein „JA". Meine Haltung war immer, dass eine Beziehung beidseitig zu gestalten ist. Und diese habe ich auch heute – wieder. In meiner ersten Trauerzeit jedoch habe ich manche Zeitspanne ohne Kontakte als schmerzlich empfunden. Ich muss dazu sagen, dass meine Kinder unterschiedlich reagiert haben. Und ich Schreibe das ohne Vorwurf, sondern erlaube mir nur, meine bisher nie dagewesenen Empfindungen und Sehnsüchte nach kommunikativer Nähe zu benennen. Ich war enttäuscht, wenn ich innerhalb von zwei Monaten nur per WhatsApp gefragt wurde, wie es mir ginge oder dass die Kinder an mich denken würden. Ich hatte einfach aus dieser Sehnsucht heraus eine andere Erwartungshaltung. Da ist sie wieder: die Erwartungshaltung. Wehe, wenn sie nicht erfüllt wird. Ich habe mich dann gefragt, darfst du die überhaupt haben? Und ich habe sie einfach für mich in dieser Ausnahmezeit uneingeschränkt bejaht – und nur in dieser Ausnahmezeit! Ansonsten natürlich nicht. Ich selbst verspürte in dieser Zeit auch nicht im Geringsten den Drang, von mir aus bei den Kindern anzurufen und ihnen zu sagen, was ich so mache, welche Gedanken und Gefühle mich gerade umtreiben würden. Beim Erleben dieser für mich schwierigen Zeit gewann ich die Erkenntnis, dass ich die Trauer meiner Mutter unterschätzt hatte. Als mein Vater starb, war ich 37 Jahre alt, hatte eine eigene Familie und einen Beruf. Gewiss war ich traurig, aber ich muss zugeben, meine Mutter in der ersten Zeit doch häufig mit ihrer Trauer alleingelassen zu haben. Und nun war ich selbst an der Reihe.

Um Maß und Mitte nicht zu verlieren, ist mir eines sehr, sehr wichtig zu schreiben: Insgesamt bin ich sehr froh, solche Kinder, solche Enkelkinder und sogar schon Urenkel in dieser Zeit um mich gehabt zu haben. Und heute gelten wieder die alten Regeln: Eine gute Beziehung lebt vom gegenseitigen Aktivsein.

Und genau das erlebe ich jetzt wieder!

Meinen Freunden habe ich hin und wieder von meinen Sehnsüchten und Wünschen in der ersten Trauerzeit erzählt und sie gefragt, ob ich diese Wünsche überhaupt haben dürfte. Sie hatten dann uneingeschränkt „ja" gesagt und sich dann beschämt hinterfragt, ob sie selbst eigentlich genug für mich getan hätten. Da mussten wir alle ein wenig lächeln, und ich habe das Resümee gezogen, dass mein Freundeskreis mich im Großen und Ganzen gut aufgefangen hat. Natürlich hätte ich mir schon von dem einen oder der anderen einen etwas engeren Kontakt gewünscht, aber ich bin nicht lebensfremd und weiß, wie Alltage und vor allem Berufsalltage aussehen. Eine besonders nette und aufhellende Art hatte eine gute Freundin gewählt, in dem sie mir sporadisch per WhatsApp eine gute Woche gewünscht oder mich gefragt hatte, ob ich Lust auf ein Telefonat hätte usw. usw. Das hatte mir ausgesprochen gutgetan.

Weniger hilfreich war für mich, als mir jemand sagte, dass er immer, wenn er an meiner Wohnung vorbeiführe, an mich dächte. Wir erinnern uns an „Das Gegenteil von gut ist gut gemeint"...

Puh!!! Ich bin froh, dass ich diesen Abschnitt nicht habe „unter den Tisch fallen lassen". Auch wenn ich einkalkuliere, dass es Trauernde gibt, die diese Nähe zu ihrer Kernfamilie nicht suchen, sondern im Gegenteil meiden, so glaube ich doch fest daran, - und

Trauerberichte zeugen in großer Anzahl davon – dass die Mehrheit der Trauernden solche Sehnsüchte und Wünsche entwickeln. Und wir täten gut daran, uns in einem aktuellen Geschehen daran zu erinnern.

- **Nach einem Jahr der Trauer – was hat sich bei mir, in mir verändert?**

Es war nicht so, dass ich am 14. 12. 2019, also nach exakt einem Jahr, morgens aufgestanden bin, mich geschüttelt und für mich beschlossen habe: *„Jetzt ist genug getrauert!"*

Ganz und gar nicht. Eher im Gegenteil. In mir wurden so viele Erinnerungen wach, vor allem die schrecklichen, wenn ich an die letzten Wochen und Tage vor einem Jahr dachte. Und dann liefen mir die Tränen. Und ich ließ sie laufen. Natürlich, denn ich hatte mir fest vorgenommen, eine „gesunde" Trauer zu erleben. Das Trauerjahr in unserem Kulturkreis hat schon seine Bedeutung, ist aber nicht in Stein gemeißelt, sondern stellt lediglich einen groben Anhalt dar. Ich für mich habe erlebt, dass ich nach einem halben Jahr so ganz allmählich wieder Visionen entwickelte. Ich begann wieder mit Lesungen auf unserer Lieblingsinsel Föhr. In einigen Reha-Kliniken war ich ein gern gesehener Gast, der die Patienten hin und wieder mit meinen Krimi-Geschichten erfreuen konnte. Und meine verstorbene Frau war immer mit dabei gewesen; nie hatte sie mich allein gelassen. Und in einer ersten Lesung Ende Mai 2019 passierte genau das, was ich immer befürchtet und mich davon abgehalten hatte, die Lesungen wieder aufzunehmen. Ein Zuhörer fragte mich, wo ich denn meine reizende Frau gelassen hätte. Ich habe kräftig schlucken müssen und es dann doch ohne Tränen geschafft, die Frage wahrheitsgemäß zu beantworten.

Also, ich habe zu lesen begonnen und nicht nur das. Ich wagte es auch, einen neuen Krimistoff zu entwickeln. Ich merkte, wie sich in mir neue Lebenssäfte bemerkbar machten. Im Laufe der zweiten Jahreshälfte riskierte ich auch einen Ausflug in meine ehrenamtliche Arbeit als Vorstandsvorsitzender eines gemeinnützigen Vereins zum Thema „Gewaltformen aller Art im kirchlichen Umfeld" und erhielt von den Menschen, die meine Vereinspartnerin und ich zum Teil seit Jahren begleiteten, sehr einfühlsame Worte, die Balsam für meine Trauerseele waren. Und nicht nur das. Die Begleitung der Menschen mit Gewalterfahrungen haben mich innerlich gestärkt. So gesehen hatte mich das Leben wieder – peu à peu.

In meinem Zuhause änderte sich gar nichts. Die Kleidung meiner Frau – sie hing nach wie vor im Schrank. Auch ihre Schuhe, ihr Schmuck, alles war noch da. Ich habe nur eines neu hinzugefügt: In meinem Flur, im Büro und im Schlafzimmer habe ich viele Bilder meiner Frau aus den vielen Jahrzehnten arrangiert und aufgehängt – zuletzt ergänzt mit einer Auswahl von Bildern von der Seebestattung. *„Diese bleiben bis zu meinem Ableben hängen!",* hatte ich meinen Kindern nachdrücklich erklärt. Und ich habe sehr wohl bemerkt, dass sie beim Betrachten des Foto-Arrangements feuchte Augen bekamen.

Und meine Trauer? Hatte ich sie besiegt? Natürlich nicht! Der Begriff „besiegen" ist schon völlig falsch gewählt. Wenn eine Trauer gesund überstanden werden will, soll sie auch ausgelebt werden. Bei mir war es so, dass mich auch noch nach einem Jahr Trauermomente

überraschten. Zum Beispiel dann, wenn ich einige Ge-
genstände berührte, sie in die Hand nahm, dann überfiel mich die Trauer regelrecht – wie in den Anfängen.
Oder wenn meine Gedanken spazieren gingen und ich
an bestimmte mit meiner Frau erlebte Situationen erinnert wurde, dann schüttelte es mich. Ist das noch
gesund?, wird der eine oder andere von Ihnen denken.
Ich versuche, dieser Frage im nächsten Kapitel nach-
zugehen.

- **Trauerst du noch? Oder lebst du schon? Oder: Darf ich auch danach noch traurig sein? Oder ist das schon pathologisch?**

Als ich im Januar 2020 vor meinem Hausarzt auf dem Stuhl saß und er mich „ungestraft" fragen durfte, wie es mir ginge, da fand ich zum einen die Frage jetzt natürlich angemessen und fühlte mich gedrängt, ihm etwas von mir zu erzählen, weil ich das Gefühl hatte, dass sie ehrlich gemeint war. Ich erwähnte, dass mich trotz aller zarten Lebensknospen und Planungsansätze die Trauer immer wieder einholte, wie im Kapitel zuvor beschrieben. Er meinte dann nur: *„Aber Herr Ballnus, alles andere wäre doch unnormal und hätte mich bei Ihnen auch sehr gewundert."*

Also, meine Trauer war noch gesund. Ganz ehrlich: Ich brauchte diese Einschätzung meines Arztes gar nicht. Sie hat mir zwar gutgetan, aber ich will weiter trauern dürfen – und das ganz bewusst. Nicht immer, jedoch immer dann, wenn ich an meine verstorbene Frau erinnert werde, dann möchte ich traurig sein dürfen.

Ich habe Freunde um mich, die ihre Frauen schon vor mehr als zehn, fünfzehn Jahren verloren haben und immer dann, wenn wir über bestimmte gemeinsam erlebte Situationen sprechen, bemerke ich sehr wohl die feucht werdenden Augen.

Meinen Kindern habe ich gesagt, dass sie sich um mich keine Sorgen mehr machen müssten. Wenn ich merkte, dass meine Trauer ungesunde Züge annähme, dann würde ich mir professionelle Hilfe holen. Und ich hätte es auch getan, weil ich in meinem Berufsleben u. a. auch damit konfrontiert war, dass Menschen, die einen lieben Menschen verloren hatten, nicht aus der Trauer herausgekommen waren und keinen anderen Ausweg mehr gesehen hatten, als ihrem Leben ein Ende zu setzen. Manchmal auf sehr grausame und brutale Weise. Gelegentlich gab es in diesen Geschehen Abschiedsbriefe, die diesen inneren Kampf detailliert beschrieben hatten. Diese Menschen hatten den Wert ihres eigenen Lebens nicht mehr erkennen können. Solch ein Ende hatte mich schon in jungen Jahren immer wieder erschüttert und mir vor Augen geführt, wohin ein schwerwiegender Verlust führen kann.

Und ich habe auch mit Menschen gesprochen, die nach einem solchen Verlust nicht mehr weiterleben wollten – auch nach fehlgeschlagenen Suizidversuchen. Leider habe ich die einzelnen Schicksale nicht weiterverfolgen können. Von einigen weiß ich aber, dass sie es geschafft haben, den Weg zurück ins Leben zu finden – andere wiederum nicht. Und deshalb ist es mir wichtig, nachstehende Gedanken an alle Wegbegleiter eines Trauernden weiterzugeben. Ich werbe nach wie vor dafür, alle Hilfe und Unterstützung zu erfragen und sich auch darauf einzustellen, auf Ablehnung zu stoßen. Diese sollte unbedingt ausgehalten werden. Aber: In Geschehen, in denen vermutet werden kann, dass jeglicher Lebenswille zu ersticken droht und diese

Lebenssinnlosigkeit auch verbalisiert wird, dann gilt die dringliche Empfehlung, immer wieder den Kontakt zu suchen und dabei hartnäckig zu bleiben. Es gilt, mögliche Suizidversuche zu verhindern. Ich weiß, im Volksmund heißt es, dass Menschen, die davon sprechen, sich das Leben zu nehmen, dieses nicht tun. Das ist falsch! Schlichtweg falsch! Gerade dann sollte die Haltung „Sich um den anderen kümmern" gut ausgeprägt sein. Scheuen Sie sich nicht, ausgewiesene Fachleute hinzuzuziehen!

Und ich? Wie sieht es bei mir aus? Ich glaube, dass ich eine „gesunde" Trauer erlebt habe und weiterhin erleben werde. Vielleicht haben Sie, liebe Leserin, lieber Leser, noch die Aussagen von den Trauerphasen in Erinnerung, die zwar nicht für jeden und nicht immer gelten, aber in vielen Geschehen gute Anhaltspunkte bieten. Danach habe ich, wenn ich das Jahr noch einmal Revue passieren lasse, die Phasen fast klassisch erlebt: Rückzug, Zulassen aller Trauerreaktionen, bewusste Kontaktaufnahme, allmähliche gedankliche Entwicklung von Wiederaufnahme der Tätigkeiten vor dem Verlust bis hin zum vorsichtigen Pläneschmieden. Und keine Depressionen entwickelt! Dafür bin ich sehr dankbar und weiß auch, dass meine Familie und meine Freundeswelt daran einen bedeutsamen Anteil haben – auch wenn ich zuvor deutlich über nicht erfüllte Erwartungshaltungen geschrieben habe. Aber ich kann an dieser Stelle ehrlich schreiben: Ich war zwar streckenweise allein, aber ich bin in keine signifikante Einsamkeit „gerutscht" – jedenfalls nicht über eine nennenswert zeitlich lange Strecke. Dafür bin ich äußerst dankbar.

Irgendjemand fragte mich nach gut einem Jahr: **„Trauerst du noch? Oder lebst du schon?"**

Ich gebe zu, dass ich zunächst etwas irritiert und drauf und dran war, dem Fragenden eine passende Antwort zu geben, doch dann, fast einer Eingebung folgend, nickte ich und meinte: *„Das ist eine gute Frage, mein Lieber, eine sehr gute sogar. Und ich sage dir: beides. Ich trauere und lebe zugleich."*

Ob dieser Jemand wirklich etwas mit meiner Antwort anfangen konnte, weiß ich nicht. Aber ich konnte mich mit ihr sehr gut anfreunden.

- **Das Geschenk einer guten Freundin meiner Frau: Gala-Konzert zu Gunsten der José Carreras Stiftung**

Bereits im Juli 2018, also noch kurz vor der Einweisung in das UKE Hamburg, Station 6 – KMT, hatte diese Freundin uns beiden einen Gutschein für dieses besondere Gala Konzert zu Gunsten der José Carreras-Stiftung unter dem Motto: *Leukämie muss heilbar sein! Für Jeden! Und immer!* zukommen lassen. Wir wollten es zu dritt nach der Genesung meiner Frau genießen…

Natürlich hatte dieser Gutschein weiterhin Bestand. Jedoch hatte ich nach dem Tod und in den ersten Wochen danach überhaupt keinen Gedanken mehr daran verschwendet – erst nach einigen Monaten. Immer wenn ich dann an dem Gutschein, sichtbar aufgestellt in einem offenen Fach des Wohnzimmerschrankes, vorbeiging, überfiel mich Traurigkeit und ich stellte mir im Geiste vor, wie wir drei dort hätten sitzen können, der Musik lauschen und bei jeder Spendendurchgabe geklatscht hätten – aus purer Dankbarkeit. Und genau diese Gedanken verstärkten meine Trauergefühle. Ich zweifelte überhaupt daran, die innere Kraft aufzubringen, diese besondere Veranstaltung wahrzunehmen.

Doch dann nach etwa einem halben Jahr – Sie erinnern sich, dass sich die ersten Lebensgeister wieder einstellten – da nahm ich diesen Gutschein immer wieder mal in die Hand und eines Tages war ich es, der die Karten im Internet bestellte. Ich! Und nicht nur für die Freundin meiner Frau und für mich, sondern für Freunde im Süden Deutschlands, mit denen meine Frau einige Male Fahrten durch Großbritannien und Irland gemacht hatte – ich nur einmal, weil ich solche Reisen nicht mochte. Und ausgerechnet nach der letzten Fahrt hatte sich zu einigen Mitreisenden eine gute und nachhaltige freundschaftliche Beziehung entwickelt, die bis heute anhält. Bei einem dieser Ehepaare hatte die Frau ihren Mann schon ein Jahr früher verloren. Sie und die anderen haben mich durch Telefonate und persönliche Begegnungen sehr gestärkt und mich vor allem innerlich bestärkt, dieses Konzert zu besuchen. Allerdings wurde meine Gefühlslage doch strapaziert, je näher der Tag kam: 12. Dezember 2019 – zwei Tage vor dem ersten Todestag...

Ich nehme das Ende vorweg. Wir haben zwei für mich sehr ereignisreiche und emotionale Tage in Leipzig erlebt. Es gab im Konzert Situationen, da konnte ich meine Gefühle nicht steuern, so zum Beispiel, wenn von Geschehen berichtet wurde, in denen es der Patient oder die Patientin nicht geschafft hatten – manchmal sogar kleine Kinder – oder anwesende ehemalige PatientInnen selbst von ihrem Schicksalsweg mit all den Unwegsamkeiten und Beschwerlichkeiten berichteten, dann konnte ich meine Tränen nicht mehr halten. Zu sehr wurde ich an unseren Weg so unmittelbar erinnert. Aber es war für mich aus zwei Gründen gut, daran teilgenommen zu haben:

- Ich werde fortan jährlich dieser Stiftung eine Spende zukommen lassen und

- für mich ist einmal mehr deutlich geworden: Ich bin mit meiner Trauer nicht allein auf der Welt. Es gibt so viele grausame Schicksale. Und niemand hat Schuld an dem Tod meiner Frau.

Noch in der Nacht nach dem Konzert haben die Freunde im Hotel mir ihr Ohr geliehen und ich konnte mich mit meinen Gefühlen so richtig gut fallen lassen. Trotzdem habe ich für mich – es war schon früh am Morgen – keinen Abschluss meiner Trauer gefunden. Nein! Auf keinen Fall! Aber es war ein Meilenstein auf dem Weg meines – ich wiederhole – meines gesunden Trauerprozesses. Und exakt am Todestag habe ich mit diesen Freunden eine fast fröhliche Gedenkstunde erlebt. Ich war wieder einen Schritt weitergekommen.

Es gab noch einen weiteren, dem ich eine neue Überschrift widme.

- **Der zweite Jahrestag der Knochenmarkspende**

Ich hatte im zweiten Kapitel ausführlich über die Spende geschrieben. Meine Frau und ich hatten diesen Tag als ihren zweiten Geburtstag benannt, als sie am 7. 8. 2018 das neue Knochenmark erhielt...
Ich habe in den vergangenen Monaten lange gezögert, das UKE in Hamburg – KMT-Station 6 – eigentlich den Ort der Lebensrettung – aufzusuchen. Doch dann nahm ich jetzt am 2. Jahrestag allen Mut zusammen und habe dort neben einigen Gesprächen mit Pflegekräften und Ärzten ein Schreiben an den anonymen Spender abgegeben. Ich möchte Ihnen den Text nicht vorenthalten:

Liebe Spenderin, lieber Spender!
Ich kenne Ihr Geschlecht nicht, ich weiß nur, dass Sie meiner an Leukämie erkrankten Frau (68 J.) Ihr Knochenmark gespendet haben. Diese Spende erhielt sie am 7. 8. 2018, und wir sprachen von ihrem zweiten Geburtstag. Sie hatte die fünf Wochen im UKE Hamburg nach Aussage der Ärzte gut überstanden und wurde mit einem Wert von 99,7 % des neuen Knochenmarks entlassen. Voller Hoffnung starteten wir in ihr neues Leben...
Doch schon nach kurzer Zeit ereilte meine Frau ein Rezidiv. Es erfolgte eine erneute Einweisung ins UKE. Trotz aller medizinischen Bemühungen hatte sie keine Chance, und am 14. 12. 2018 verstarb meine Frau.
Das UKE in Hamburg ist für die Behandlung solcher schweren Erkrankung bestens aufgestellt und ich kann sie nur

empfehlen. Es war die Art der Erkrankung, die meiner Frau letztlich das Leben nahm.

Ihnen aber danke ich von ganzem Herzen, dass Sie Ihr Knochenmark gespendet haben, denn ohne diese hätte sie, hätten wir überhaupt keine Hoffnung haben können.

Wir hatten uns vorgenommen, Sie nach zwei Jahren zu kontaktieren und Ihnen zu danken – vielleicht sogar persönlich. Nun aber schreibe ich diese Zeilen an Sie und wünsche Ihnen ein erfülltes, gesundes Leben.

Herzliche Grüße

Auch dieser Schritt ist für mich ein wichtiger Baustein für eine „gesunde" Trauer gewesen.

Kapitel IV = Abgleich mit den Empfehlungen aus Kapitel I – was ist graue Theorie und was taugt für die Praxis?

Vorbemerkungen

Das, was ich in Kapitel I auszugsweise formuliert habe, ist natürlich fachlich unterlegt und u. a. das Ergebnis meiner Aus- und Fortbildung im Polizeipsychologischen Dienst zur Thematik „Umgang mit schwierigen Lebenssituationen".

Ich gehe an dieser Stelle auf das ein, was ich in der Vergangenheit von SeminarteilnehmerInnen, aber auch jetzt selbst in meiner Trauer gehört habe: „Es ist gar nicht so einfach und ich weiß gar nicht so recht, wie ich jemanden ansprechen soll, weil ich nicht weiß, ob er das überhaupt möchte." Oder: „Du gehst überhaupt nicht ans Telefon und da dachte ich du willst in Ruhe gelassen werden." Usw. usw.
Ja, es stimmt, es ist wirklich nicht einfach, einem Trauernden hilfreich zu begegnen.

Ich werde deshalb im Nachfolgenden bei dem Abgleich der theoretischen Empfehlungen einige Beispielsätze für ein angemessenes Ansprechen formulieren, von denen ich hoffe, dass sie für den Begleiter eine Hilfe sein können.

- **Allgemeine Betrachtungen:**

  - *Eine gesunde Trauer führt irgendwann zu einer neuen Lebensplanung; der kranke Trauerprozess kann zur Isolierung und zum Tod – auch durch Suizid führen.* Es gibt Geschehen, da stirbt der Überlebende an einem „gebrochenem Herzen".

  - *Aufgabe der Trauer ist die Überwindung des Verlustes und die Entwicklung neuer Lebensperspektiven. Dabei können insbesondere die Familie, Freunde, manchmal auch die Nachbarn unterstützen.* Aus meiner Sicht sind diese Menschen unverzichtbar. Ich habe darüber ausführlich geschrieben und dabei nicht gekannte Gefühle und Erwartungen entwickelt.

  - *Vorwegnahme der Trauer kann diese erleichtern.* Meine Erfahrung: bedingt erlebt.

  - *Nach einer möglichen ersten Schockphase* – die ich in meinem Geschehen nicht durchlebt habe – *folgt eine Zeit des sich Zurückziehens und der Verweigerung.* Eine für mich bedeutsame Erkenntnis, die unbedingt in der Begleitung mit einkalkuliert werden sollte. Und noch etwas aus eigenem Erleben: Der Begleiter sollte Abwehr eines Hilfeangebotes ohne Groll aushalten können und bei einer Rückmeldung des Trauernden über eine nicht angemessene Begleitung

(Stichwort: nicht erfüllte Erwartungen) Nachsicht üben können.

- *Jeder kann einen Trauernden begleiten.* Das stimmt. Einschlägige Literatur kann helfen, die eigene Angst zu überwinden.

- **Konkrete Möglichkeiten** einer **Trauerarbeit** sowie einer **Begleitung**:

  ✓ *Wenn möglich: Gespräche mit dem Sterbenden.* Sie sind hilfreich, wenn der Sterbende das zulässt. In meinem Geschehen habe ich das bewusst unterlassen, weil meine Frau kognitiv eingeschränkt und bis fast ganz zum Schluss die Tragweite ihrer Erkrankung nicht erfasst hatte. Und ganz am Ende – ich hatte darüber berichtet – da habe ich das Gespräch über den Tod nicht weitergeführt, weil ich einfach Angst hatte, meine Frau noch trauriger zu machen. Und ich gebe zu, dass mich das Gefühl, etwas versäumt zu haben, nie ganz losgelassen hat – bis heute.

  ✓ *Gespräch mit Familie, Freunden, Seelsorgern, Ärzten über den nahenden Tod des Partners.* Sie sind sehr wichtig. Ich habe das – wie zuvor geschrieben – nur mit den Ärzten und dem Psychologen in der Klinik getan, um meine Kinder nicht zu sehr zu belasten. Mittlerweile glaube ich, dass das ein Fehler war...

  ✓ *Nach dem Tod des Partners: Alles zulassen, was Trauer möglich machen kann: Wutanfälle, lautes Schreien, Weinkrämpfe, sich zurückziehen, niemanden sehen wollen usw. usw. Begleiter sind in dieser Zeit stark gefordert, alle Gefühlsschwankungen auszuhalten und auf Signale der Lebenssinnlosigkeit zu achten und/oder*

Schwere Krankheitssymptome rechtzeitig zu erkennen. Es ist für einen Begleiter wichtig, den Trauernden unauffällig „im Auge" zu behalten, auch wenn der sich zurückzieht und mit niemandem reden möchte.

✓ *Bei neuen Lebensinvestitionen des Trauernden nach einer Zeit, die er selbst vorgibt, kann der Wegbegleiter diese unterstützen.* Das gilt bei Partnerverlust auch für neue Beziehungen und zwar auch dann, wenn mir als Begleiter die neue Beziehung nicht so recht zusagt. Es geht um den Trauernden, der neue Lebensimpulse entwickelt. Und darüber sollten wir uns freuen! Ich selbst unterhalte feste Freundschaften für einen regen Gedankenaustausch und für gemeinsame Unternehmungen.

Und weil das Ansprechen eines Trauernden wirklich nicht einfach ist, gebe ich neben den bereits erwähnten angemessenen Formulierungen noch ein paar weitere Anreize für ein gelingendes Ansprechen, die ich mir mehr gewünscht hätte:

- „Gibt es etwas, was ich für dich/Sie tun kann?"
- „Ich habe verstanden, dass du in der nächsten Zeit in Ruhe gelassen werden möchtest.
- Würdest du mir aber erlauben, so gelegentlich einmal nachzufragen?"
- „Darf ich nach längerer Zeit einmal nachfragen, ob ich etwas tun kann?"
- „Ich weiß, wir hatten vereinbart, dass du dich melden würdest. Und du kannst mich jetzt auch

sofort aus der Leitung werfen. Ich möchte dir nur sagen, dass ich mich nach vier Wochen ein wenig um dich gesorgt habe und deshalb..."

- „Möchtest du in der nächsten Zeit irgendeine Unterstützung von mir?" „Ja." „Und was wünscht du dir da von mir?"
- „Ich habe mich bisher nicht getraut, dich anzusprechen, weil ich Angst hatte, das Falsche zu sagen. Aber jetzt konnte ich nicht länger warten und..."

Sie haben es natürlich gemerkt. Der Begleiter ist bei sich selbst geblieben und hat von seinen Gefühlen gesprochen. Gepaart mit Fragen hat derjenige, der sich um einen Trauernden kümmern möchte, eine gute Chance, sich ihm zu nähern.

Und eines ist dabei ganz wichtig: Selbst bei einer schroffen Abfuhr mag der Helfen Wollende nicht aufgeben, sich nicht beleidigt zurückziehen, sondern bitte auf eine neue Chance warten. Der gesunde Trauerprozess ist ein fließender, und die Gefühls- und Gedankenlage des Trauernden verändert sich – hin zu einer Teilhabe am Leben.

Und noch etwas darf nicht fehlen: Nicht alle Helfenden sind aus gebildete Trauerbegleiter oder sind Naturtalente. Ungeachtet dessen: Scheuen Sie sich bitte nicht, Signale des Sich Kümmerns auszusenden. Sie werden zumeist tiefe Dankbarkeit ernten – manchmal zeitversetzt und viel später...

- **Wege, mit der Trauer leben zu können:**

  ✓ *Trauer akzeptieren.* Unbedingt!

  ✓ *Reden Sie!* Für mich war das ein Muss!

  ✓ *Tun Sie etwas. Wenn möglich Sinnvolles.* Das lenkt ab. Ich habe die Hausarbeit und die Essenszubereitung für mich zwangsweise entdeckt.

  ✓ *Seien Sie gut zu sich selbst. Alles was Ihnen gut tut, tun Sie es! Auch wenn es schwerfällt!* Ich habe einiges ausprobiert – außer Alkohol. Ich trinke gern Wein, aber ich wollte nicht dem Alkohol erliegen, nicht meine Trauer in ihm ertränken.

  ✓ *Ernähren Sie sich richtig. Was ist richtig? Das weiß im Prinzip jeder.* Für mich war es schwer, eine ausgewogene Ernährung genießbar zu machen. Mittlerweile habe ich das in etwa erreicht – meinen meine Kinder!

  ✓ *Sport hilft!* Diese ernste Ermahnung kenne ich von meinem Therapeuten in der Vergangenheit. Der hatte mich regelrecht „getriezt". Und ich bin ihm jetzt dankbar dafür, denn in der Trauerzeit hat mir der Sport sehr geholfen, depressive Verstimmungen gar nicht erst aufkommen zu lassen.

  ✓ *Aufkommende Schuldgefühle minimieren. Schritt für Schritt. Sie sind da.* Auch bei mir. Ich habe Fehler gemacht, ich habe meiner Frau gelegentlich Unrecht getan. Meine Strategie ist: Ich spreche jeden Abend und manchmal morgens mit ihr, bitte sie um Verzeihung und sage ihr, dass ich sie liebe. Mir hilft das.

✓ *Die unvermeidliche Frage nach dem Warum.* Ich habe sie vermeiden können. Und meine Frau auch. Darüber habe ich geschrieben. Und damit kennen Sie meine Haltung. Ich kann gar nicht so recht begreifen, wie ich dazu gekommen bin. Sie war einfach da. Ich bin aber froh darüber, denn das hat mir ein Stück meiner Verzweiflung genommen. Ich habe nie mit Gott gehadert. Und das hat mich innerlich frei werden lassen.

✓ *Professionell geleitete Trauerkreise und/oder Selbsthilfegruppen können helfen.* Sie sind wichtig für Menschen, die ansonsten nicht auf Familie, Freunde, Nachbarn zurückgreifen können. Ich konnte das und habe es bis jetzt geschafft.

✓ *Kontakt halten zu alten Freundschaften.* Da hatte ich großes Glück. Wir hatten und ich habe einen guten Freundeskreis. Die Pflege eines solchen Kreises ist Arbeit und die zahlte sich jetzt für mich aus.

✓ *Anstehende Entscheidungen nicht übereilen.* Ich musste kein Haus verkaufen. Ich will nicht umziehen. Berufliche Veränderungen sind für mich nicht mehr relevant. Wer allerdings davor

steht, ist gut beraten, alles sorgfältig abzuwä-
gen und vor allem mit wirklichen Freunden und
in der Familie zu besprechen.

✓ *Manchmal hilft Schreiben. „Sich etwas von der
Seele schreiben". Vielleicht ein Tagebuch führen.* Ich bin dankbar, dass ich gern schreibe und
so ist dieses Buch entstanden.

✓ *Die Kirchenzugehörigkeit bzw. der Glaube können helfen.* Ja, das kann er. Allein die Gemein-
schaft kann ein Netz sein, in das man sich fallen
lassen kann. Und die Gebete. Ich konnte für
mich keinen Gewinn daraus ziehen. Das ist
nachzulesen. Ich möchte aber den Wert in keinem Fall schmälern. Ich beglückwünsche jeden,
für den Kirche und Glaube eine Kraftquelle sein
kann.

✓ *Scheuen Sie sich nicht, professionelle Hilfe zu
holen, wenn Sie merken, dass die Trauer Sie
erdrückt und Sie keinerlei Perspektiven erkennen können.* Ich bin dankbar, dass ich das nicht
musste, weiß aber, dass ich das getan hätte.
Manchmal reichen wenige Stunden bei Fachleuten, um das Leben lebenswert gestalten zu können.

✓ *Und zum Schluss machen Sie sich bewusst: Sie
trauern nicht allein.* Mir hat u. a. die Gala-Ver-
anstaltung dabei sehr geholfen. Aber auch die
täglichen Nachrichten über Tod und Sterben in
der ganzen Welt führten bei mir nach einem

Jahr der Trauer auch zu der Erkenntnis: Wir hatten über 45 Jahre – und die haben wir gelebt – alltagstauglich!

Nachwort: ICH LEBE UND HABE VISIONEN

Liebe Leserin, lieber Leser!

Es ist Spätsommer 2020. Ich lebe in der gespensti-schen Corona-Zeit und gehöre als 76-Jähriger lt. RKI-Institut zu den Betagten und damit zur Risikogruppe. Ich habe keine übermäßige Angst, bin aber sehr vor-sichtig unterwegs und schütze mich. Warum? Weil ich leben möchte! Sie merken vielleicht: Das ist ein gutes Zeichen für das Verlassen der Hochtrauerphase. Ja, ich möchte leben und deshalb schütze ich mich.

Allerdings habe ich in den vergangenen Wochen und Monaten etwas Bedeutsames an mir selbst festge-stellt. Der Tod hat seinen Schrecken verloren. Ich war in den vergangenen Jahrzehnten sehr von der Angst beseelt, schwer zu erkranken - entweder selbst, meine Frau oder unsere Kinder. Nach dem Tod meiner Frau hat sich bei mir eine relative Gelassenheit einge-stellt, wenn ich über den Tod nachdachte. Nun gut, darüber nachzudenken und dabei gelassen zu sein, ist vielleicht noch kein Indiz für meine oben benannte Aussage, dass der Tod bei mir seinen Schrecken ver-loren hat, wird mancher von Ihnen vielleicht denken. Richtig. Doch zwei überstandene und für mich ein-schneidende Operationen am Lenden- und Halswirbel haben mich in meiner Haltung gestärkt. Das waren für mich die ersten OPs in meinem Leben und ich habe mich mit einer großen Gelassenheit diesen Eingriffen gestellt und bin gestärkt aus ihnen herausgekommen.

Also, nach Corona wünsche ich mir, meine im Buch zitierten Aktivitäten weiter auszubauen, neue Ideen zu verfolgen und mich einfach vom Leben inspirieren zu lassen – begleitet durch feste Freundschaften.

Eine neue Idee möchte ich jetzt bereits verraten: Mittelfristig werde ich mich in die Hospizarbeit einbringen, weil ich nicht zuletzt durch den Tod meiner Frau erkannt habe, wie bedeutsam diese Arbeit an und mit Sterbenden ist.

Zwei für mich tröstliche Gedanken zum Abschluss:

- Ich bin froh, dass meine Frau nicht in diesem Corona-Jahr diese schreckliche Krankheit erleben musste. Eine Begleitung wäre sehr erschwert bzw. unmöglich gewesen.
- Meine Frau hatte einer guten Freundin schon vor einigen Jahren erzählt, dass sie gern als erste gehen würde (ich weiß auch, warum, aber das bleibt mein Geheimnis). Als ich das von dieser Freundin zum ersten Mal gehört hatte, da hatte ich weinen müssen. Jetzt finde ich diese Gedanken tröstlich, weil ihr Wunsch in Erfüllung gegangen ist.

Liebe Leserin, lieber Leser!

Ich wünsche Ihnen, wenn die Trauer bei Ihnen Einzug hält, viele tröstliche Gedanken und Begegnungen mit Menschen, die Balsam für Ihre Seele sein können und dass Sie insgesamt gesund aus der Trauer herauskommen können.

Und all denjenigen, die einen Trauernden ein Stück auf seinem Trauerweg begleiten möchten, wünsche ich einfühlendes Verstehen, Geduld, Kraft, aber auch den Mut einer Abgrenzung, um selbst zwischendurch einmal Luft holen zu können.

Die Chance, dass Sie erleben können, wie ein anderes, aber neues Leben sich in dem Begleiteten entfaltet, ist sehr groß und wird in Ihnen Glücks- und Dankbarkeitsgefühle auslösen.

Ihr

Autor	Titel	Verlag
Lutz Schwäbisch/Martin Siems	Anleitung zum sozialen Lernen für Paare, Gruppen und Erzieher	Rowohlt
Roland Schulz	So sterben wir	Piper-Verlag
Thomas Gordon	Familienkonferenz	Rowohlt
Christian Weisbach	Zuhören und Verstehen	Rowohlt
Roger Mucchielli	Das nicht-direktive Beratungsgespräch	O. Müller Verlag, Salzburg
Schäfer, D. und Knubben, W.	...in meinen Armen sterben?	Hilden 92 – VDP
Weber, W.	Wege zum helfenden Gespräch	Ernst Reinhardt Verlag München
Kübler-Ross	Über den Tod und das Leben danach	Verlag Silberschnur
Kübler-Ross	Dem Leben neu vertrauen	Verlag Silberschnur

Der Autor:

Rainer Ballnus – Jahrgang 1944 – hat als gelernter Kriminalist einige Zeit an der Landespolizeischule in Schleswig-
Holstein im Fachbereich Verbrechensbekämpfung als Leh-
rer kriminalistische und kriminologische Aspekte unterrich-
tet.
Viele Jahre trug er als Lehrtrainer die Verantwortung für
alle Aspekte der Kommunikations-Psychologie und hat im
Polizeipsychologischen Dienst Polizisten trainiert, damit
diese in Ausnahmesituationen professionell – also human,
empathisch und proaktiv – agieren/reagieren können. Zu
den Ausnahmesituationen zählten u. a. Verhandlungen bei
Geiselnahme/Entführung, Familienstreitigkeiten, Todes-
nachricht überbringen, Sterbebegleitung und Umgang mit
schwierigen und psychisch bzw. geistig kranken Menschen.